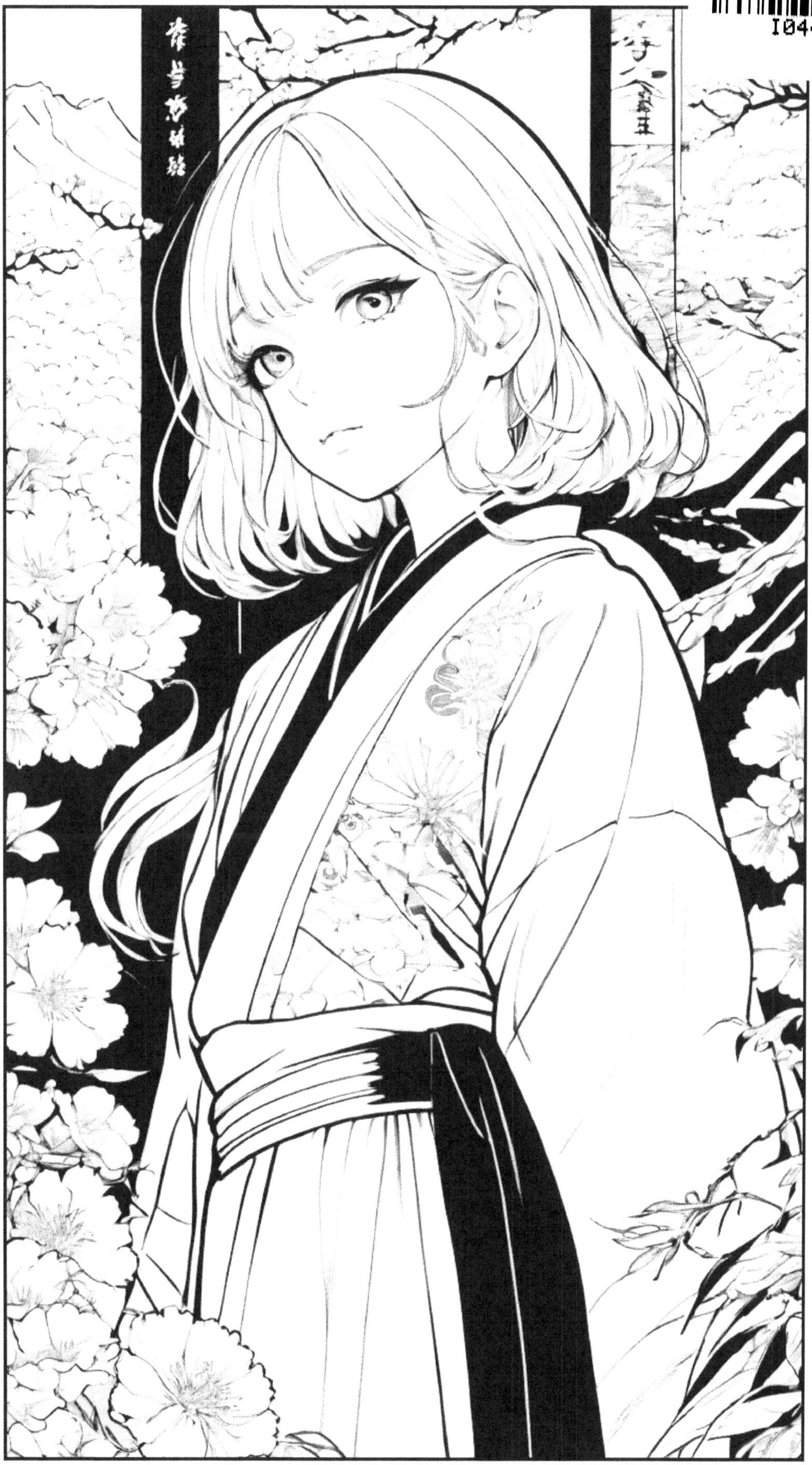

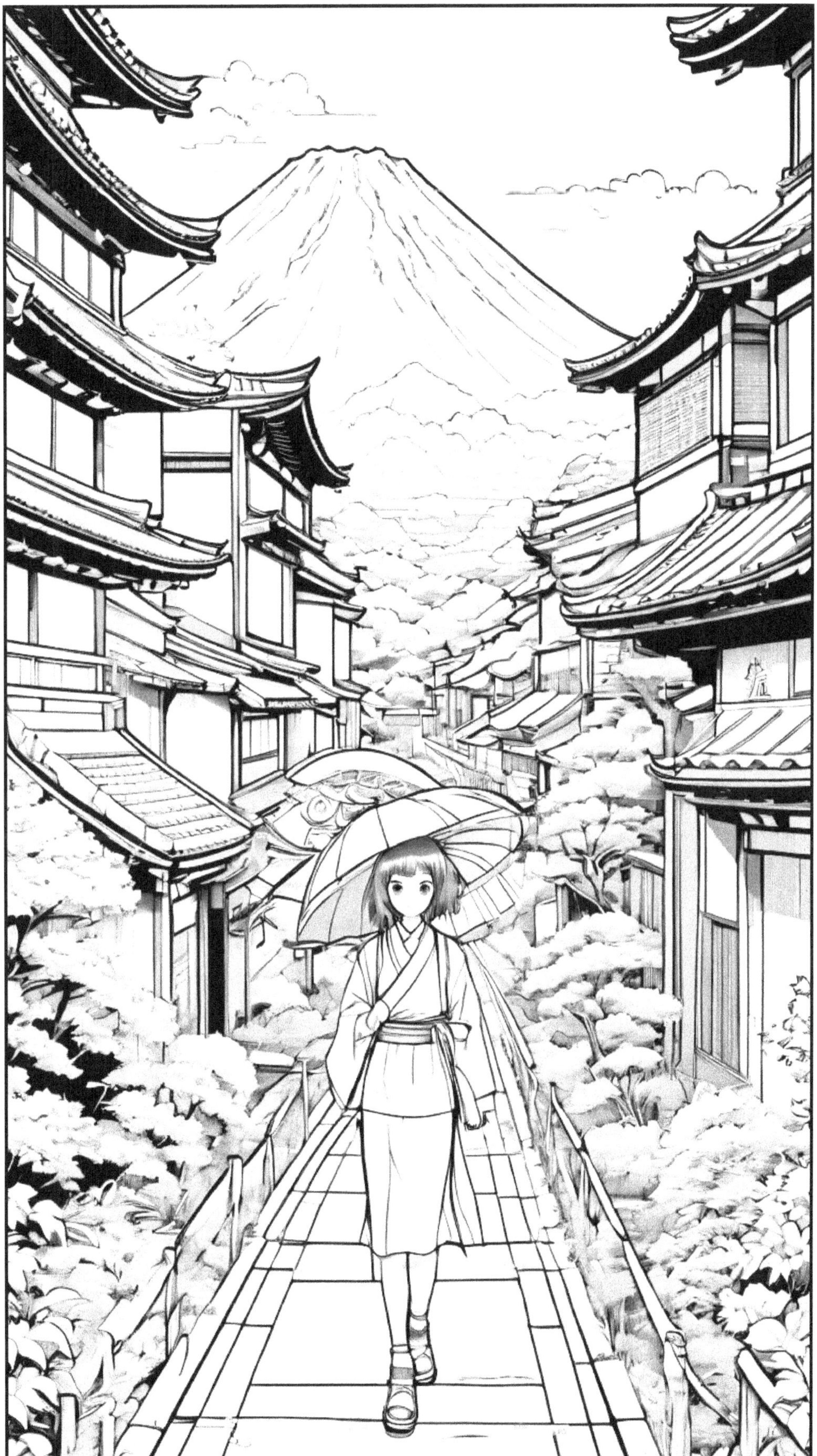

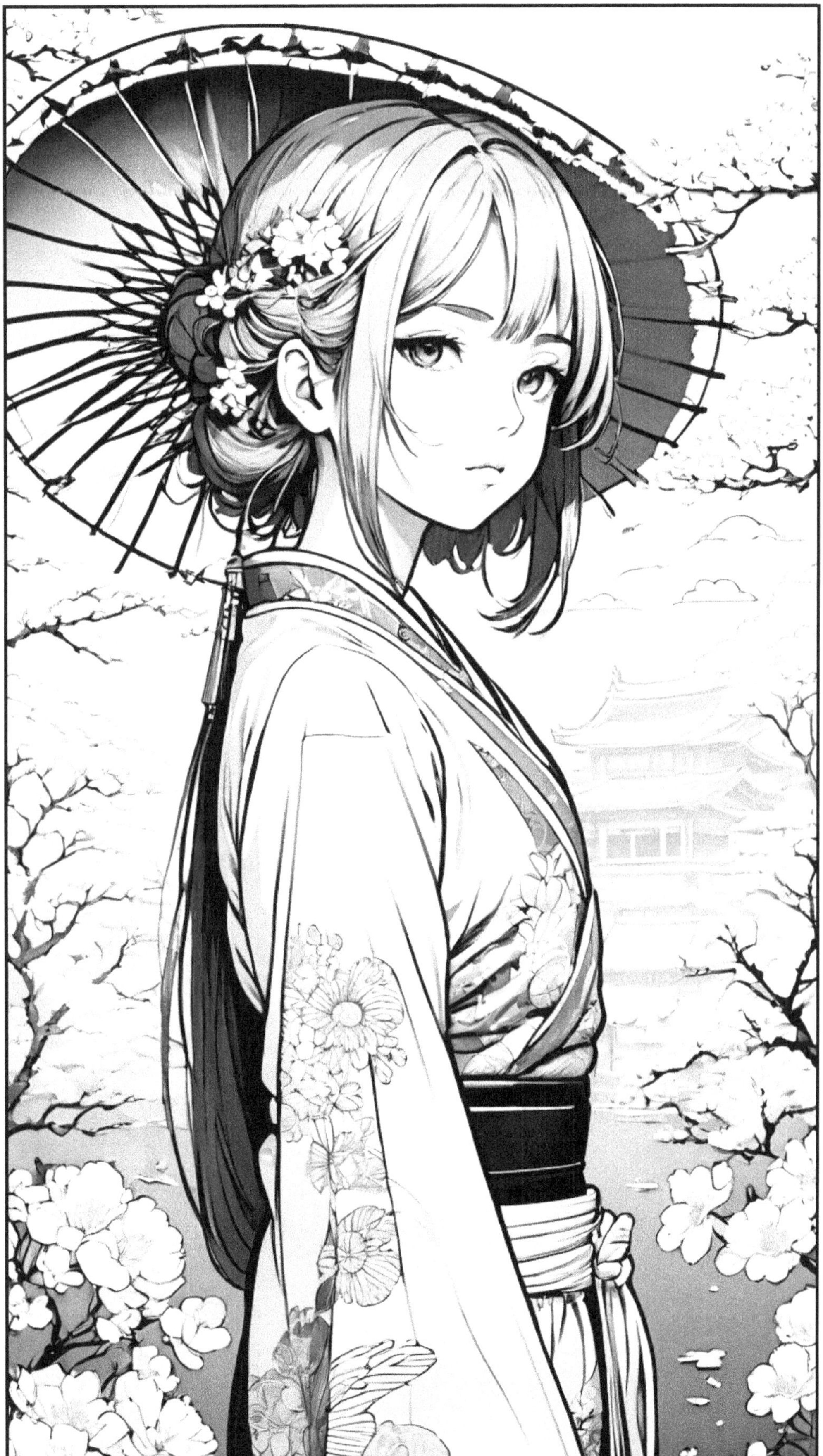

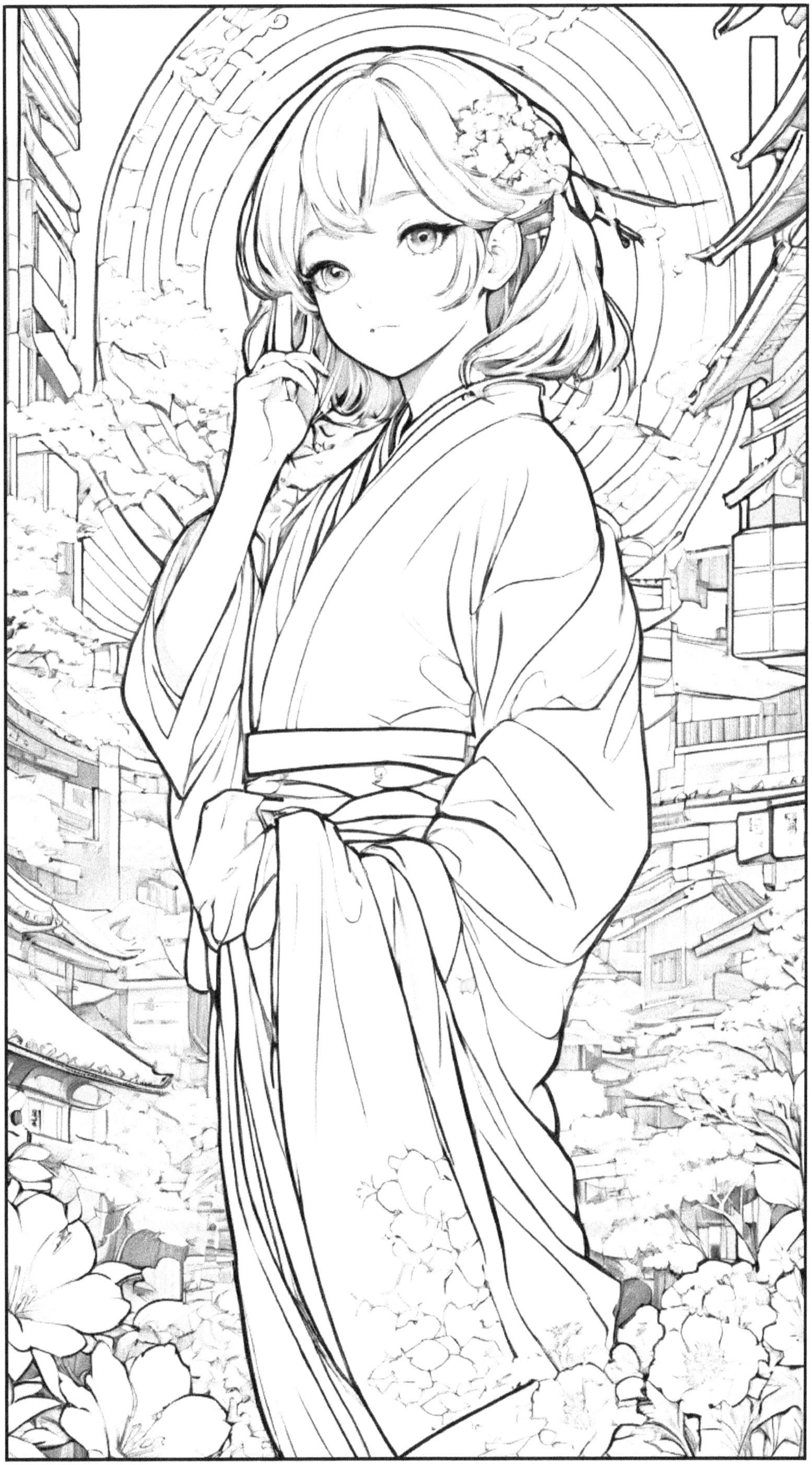

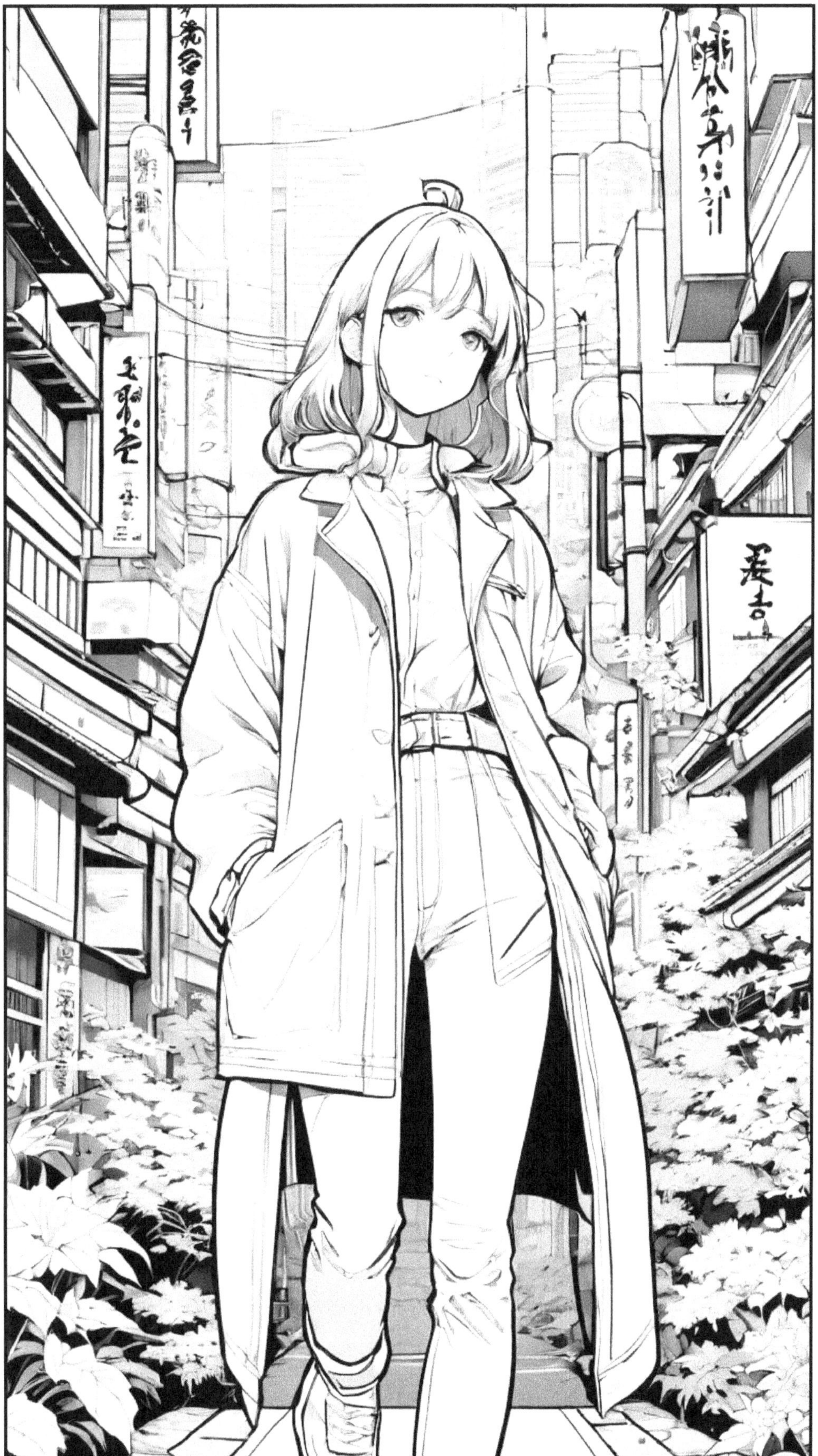

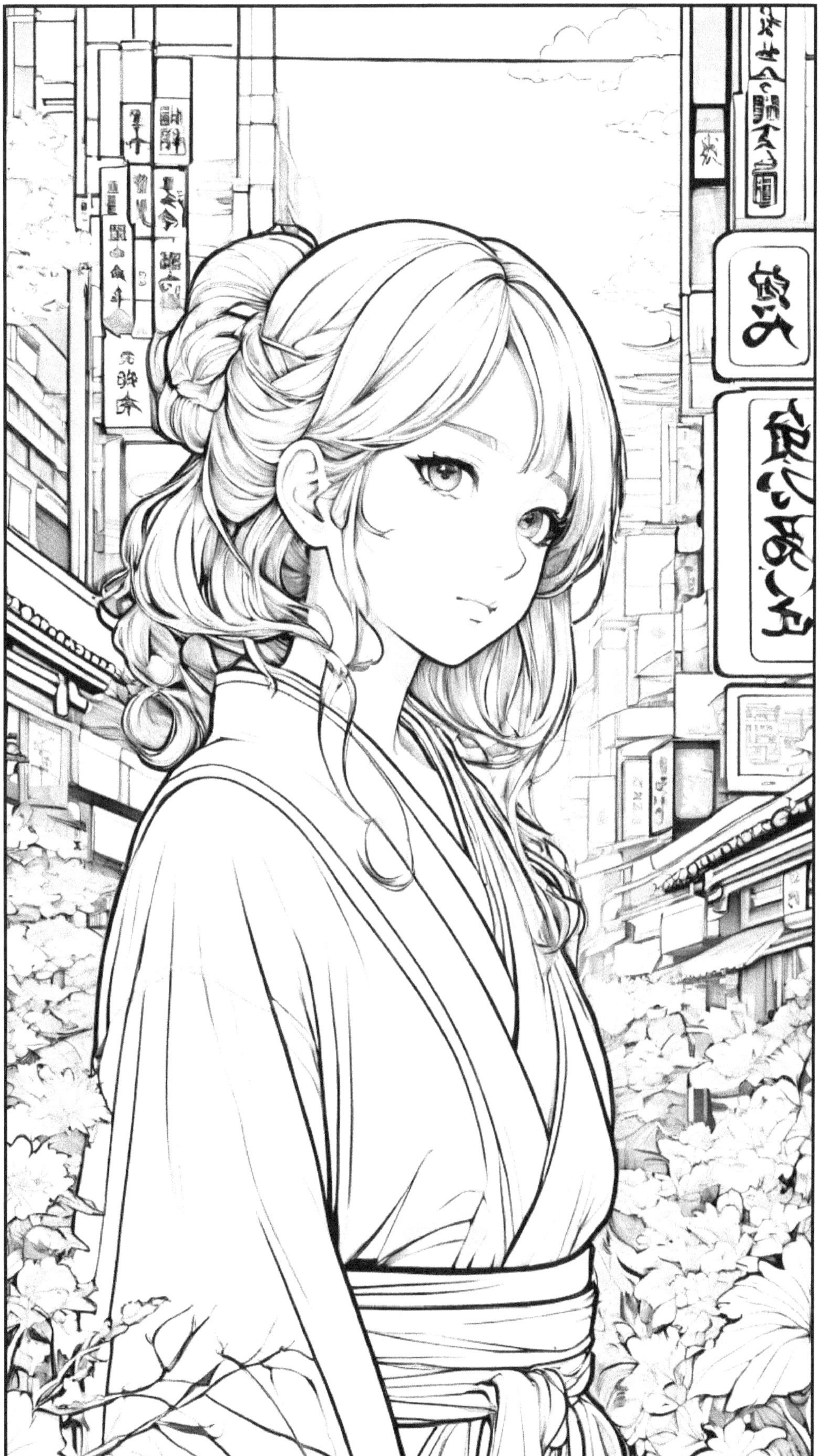

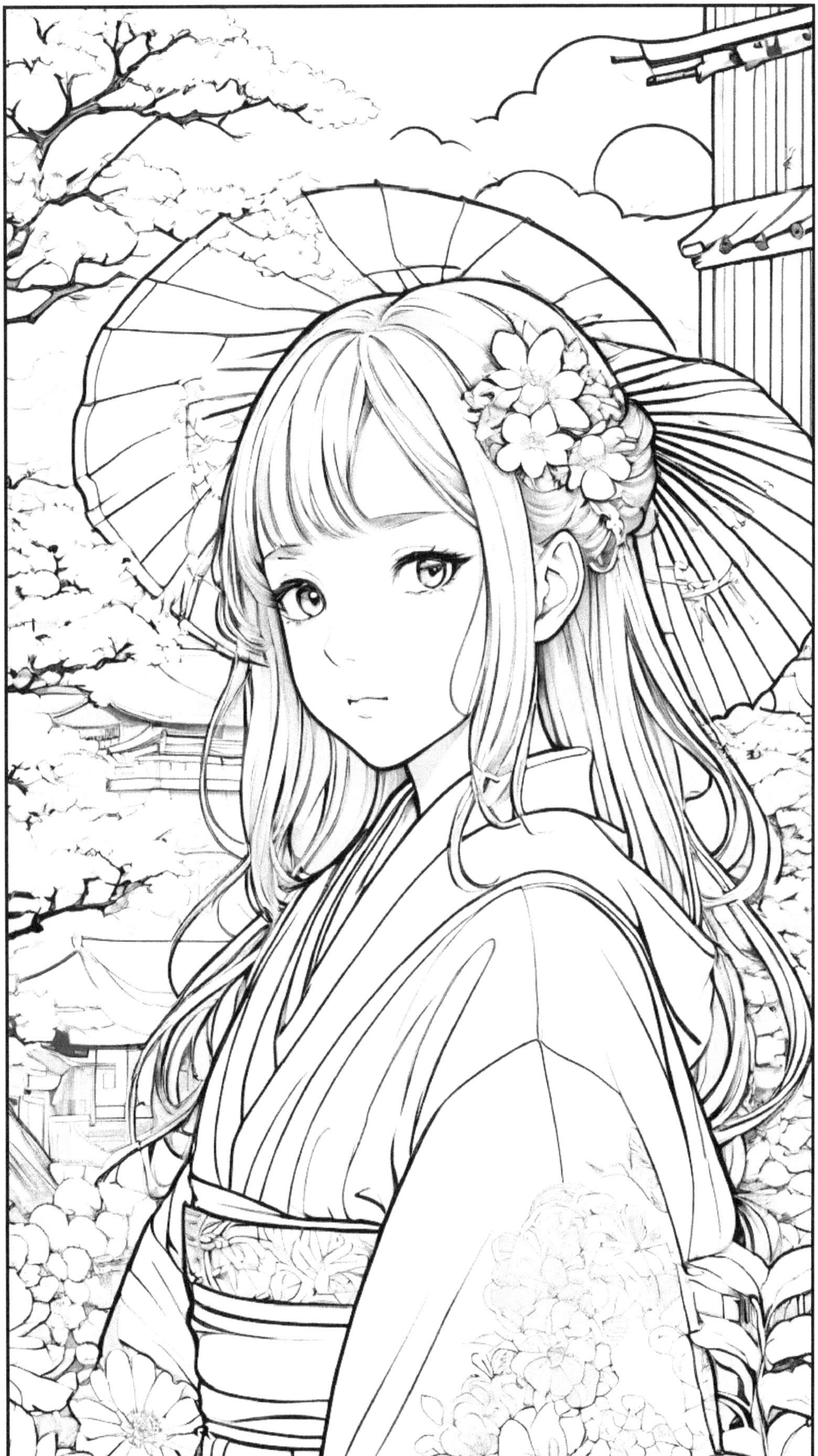

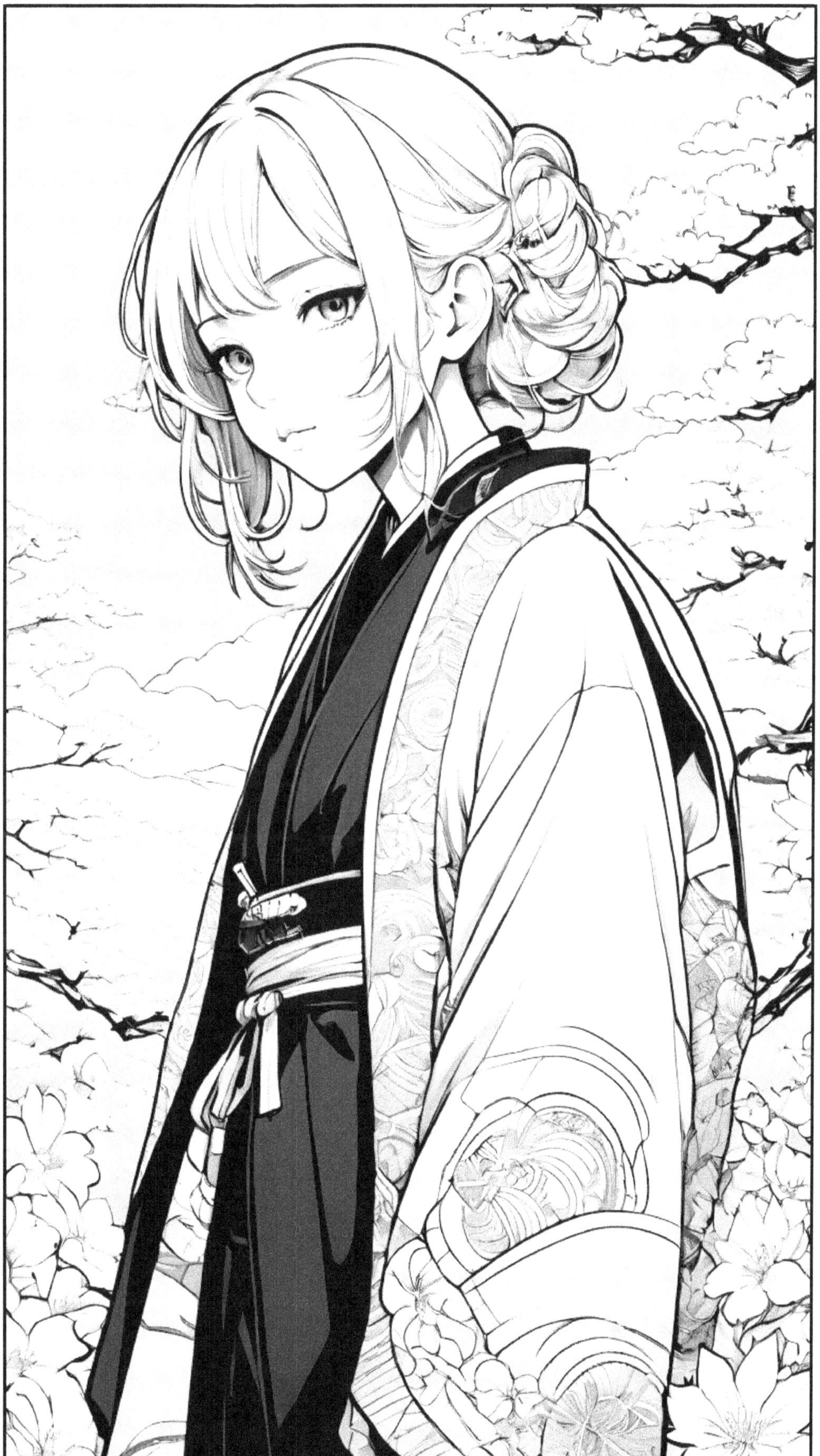

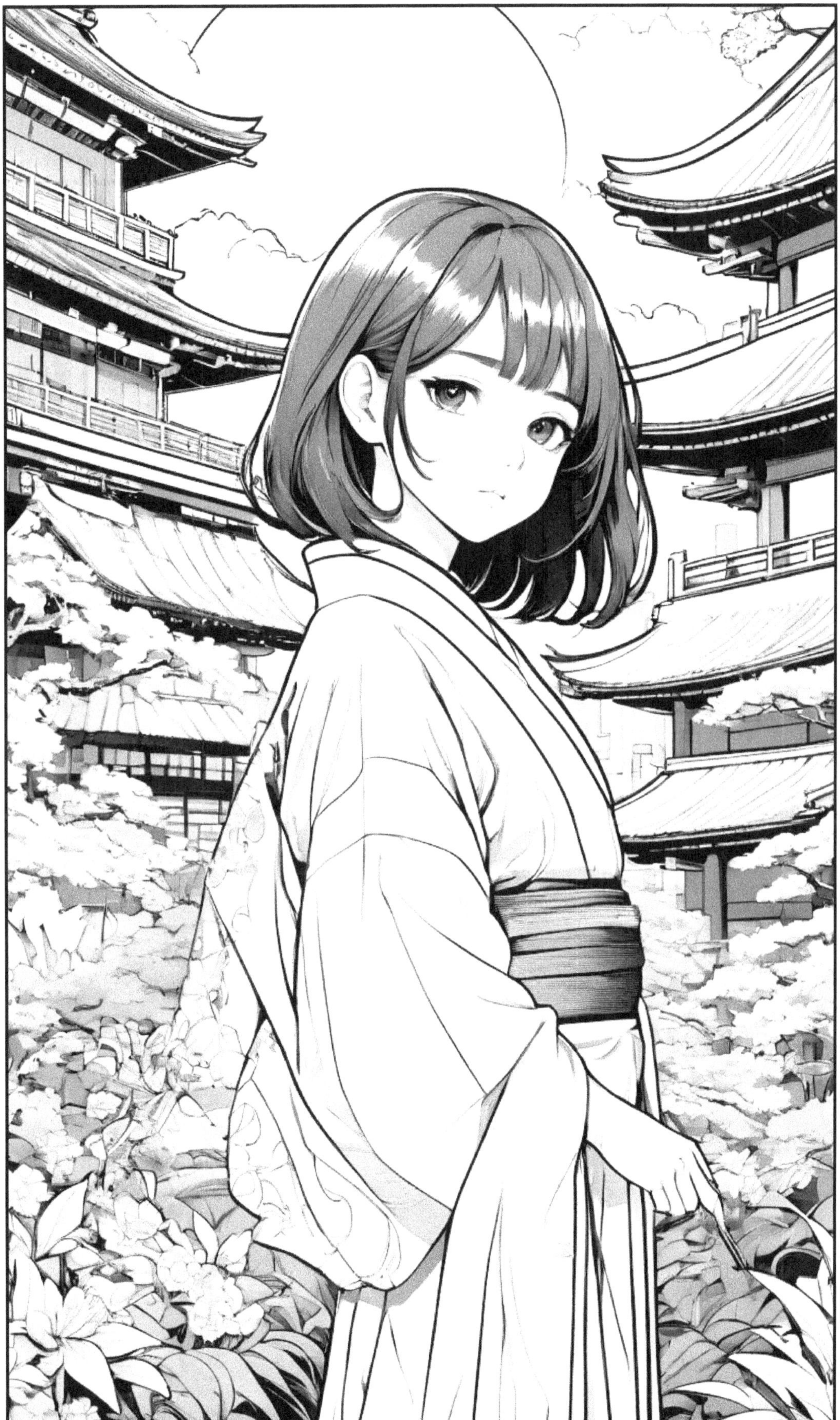

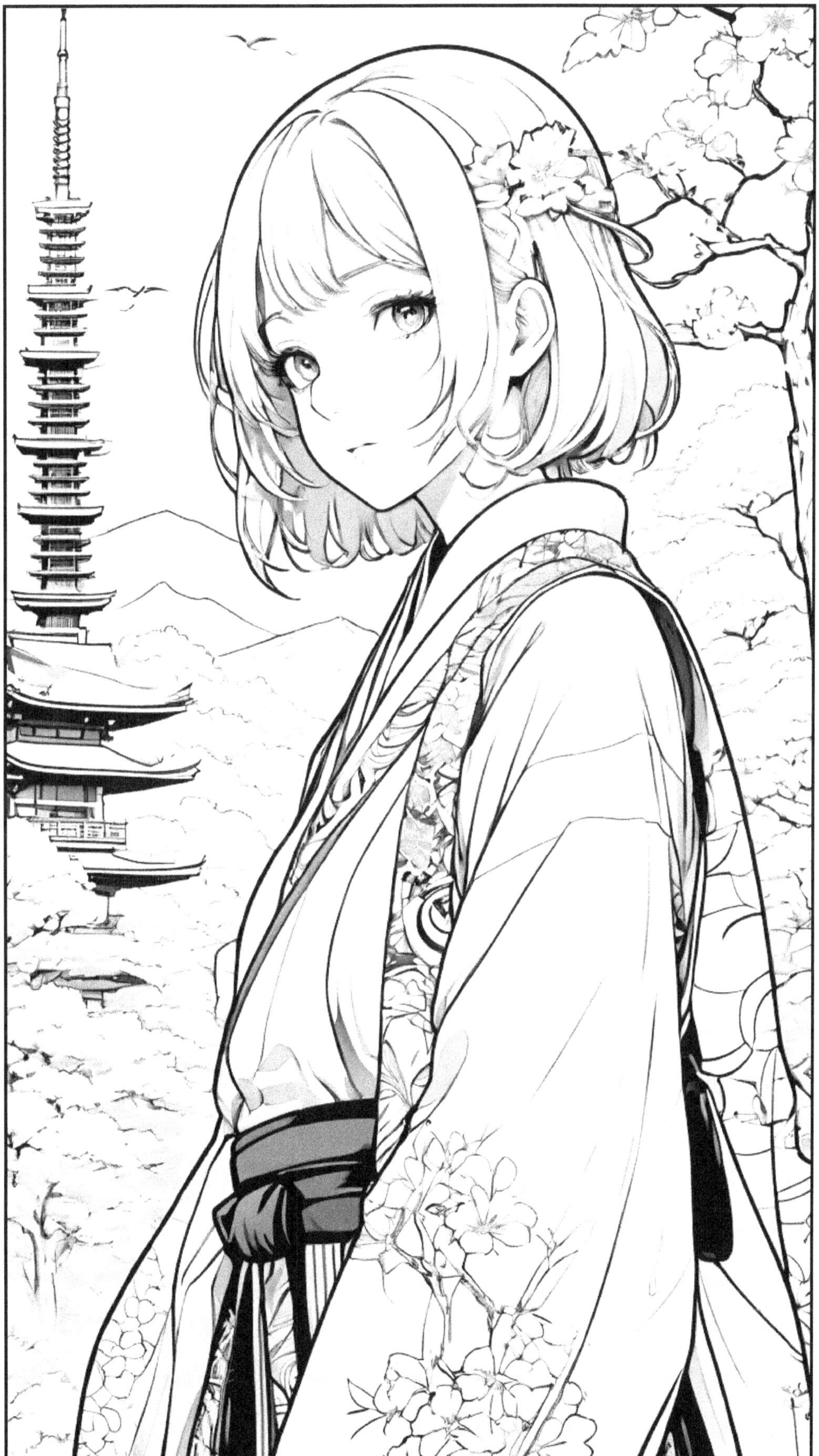

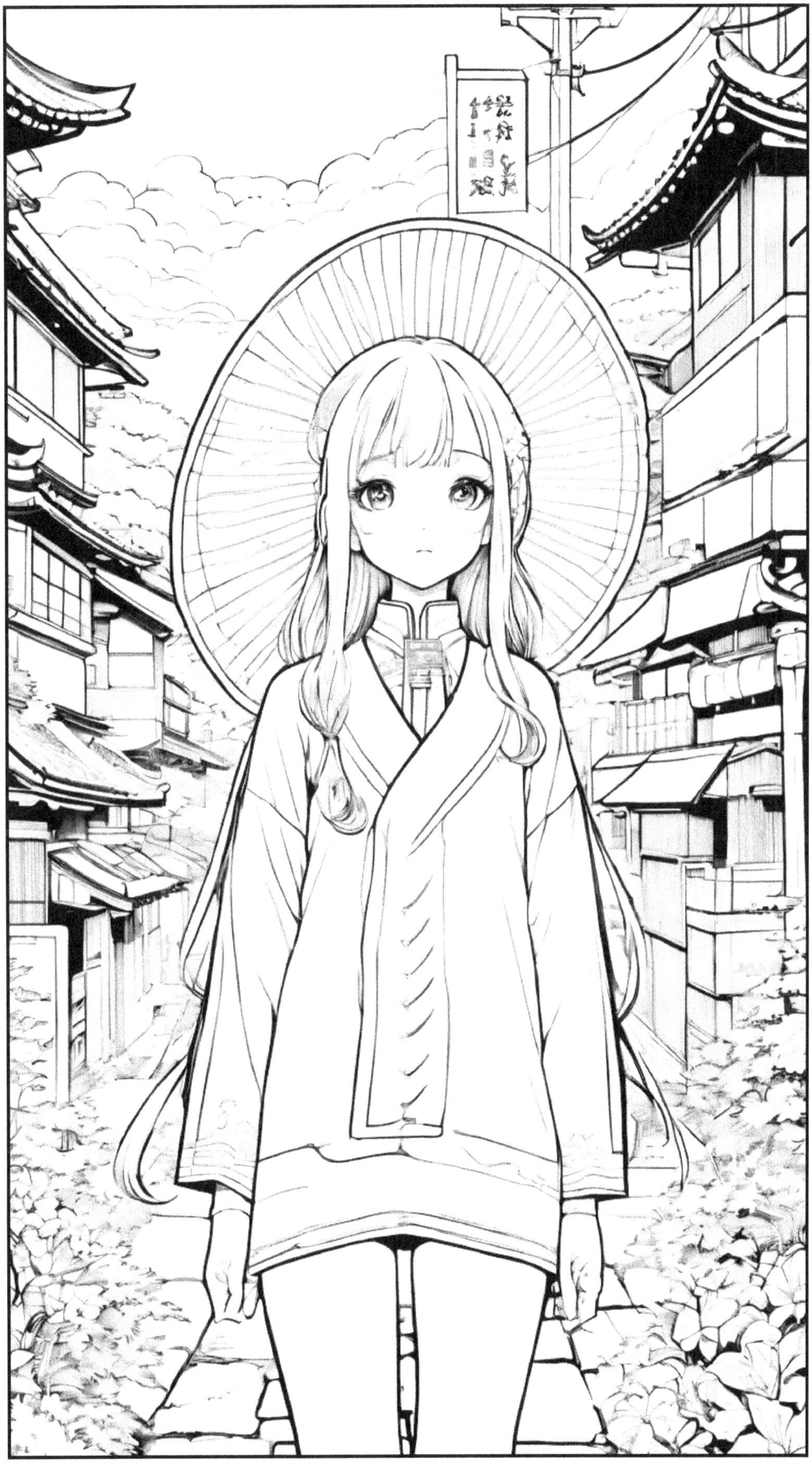

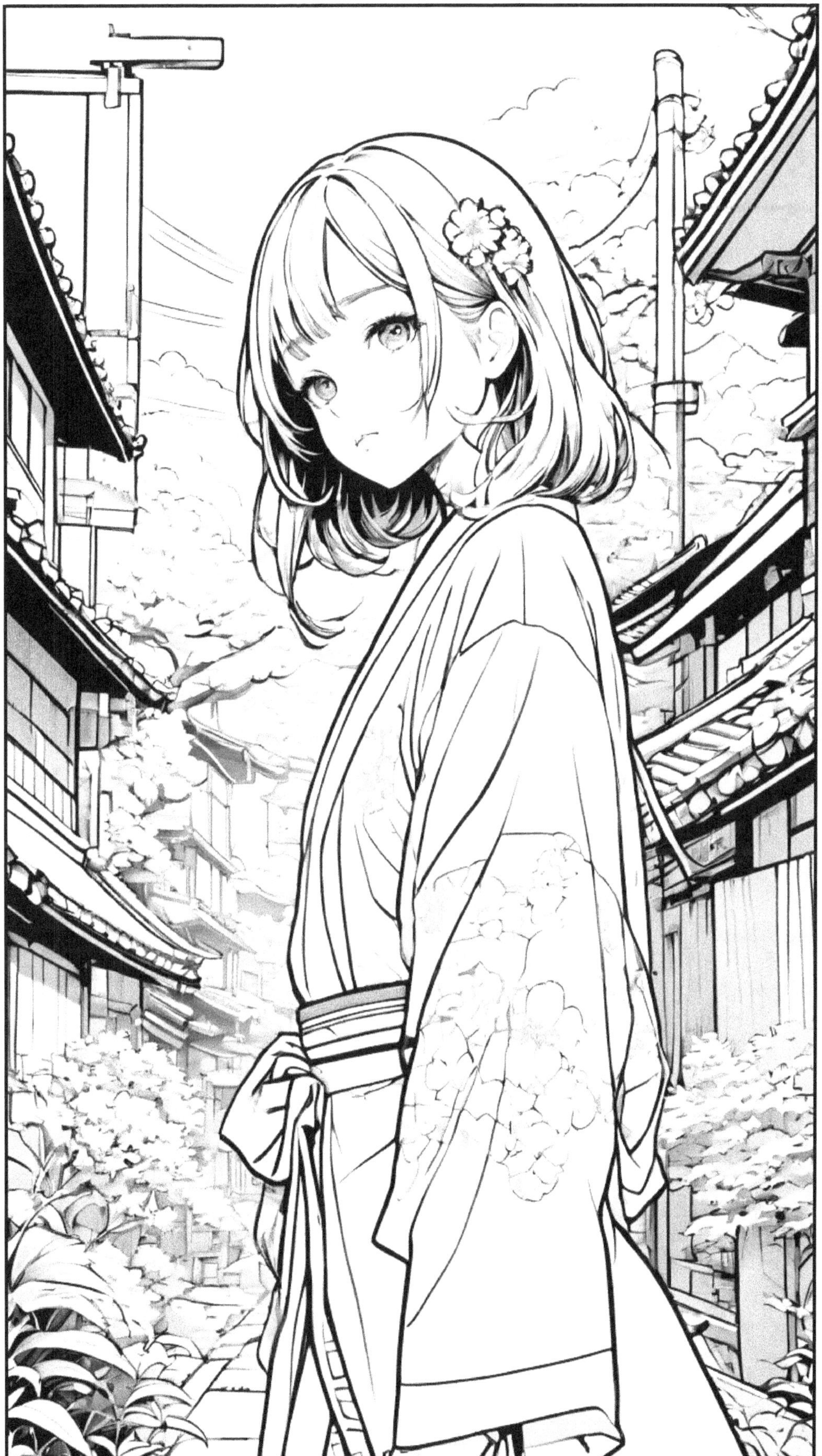

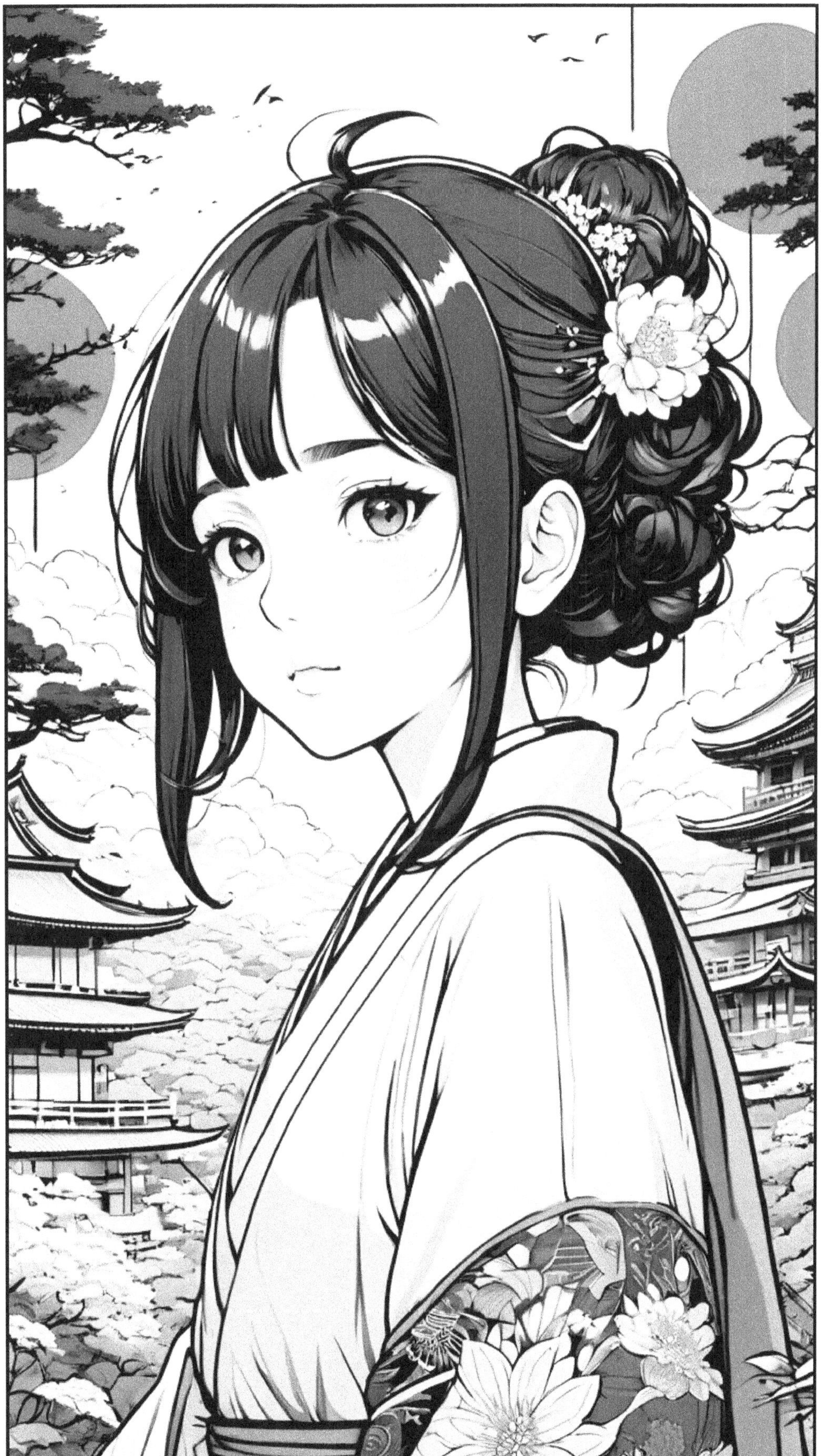

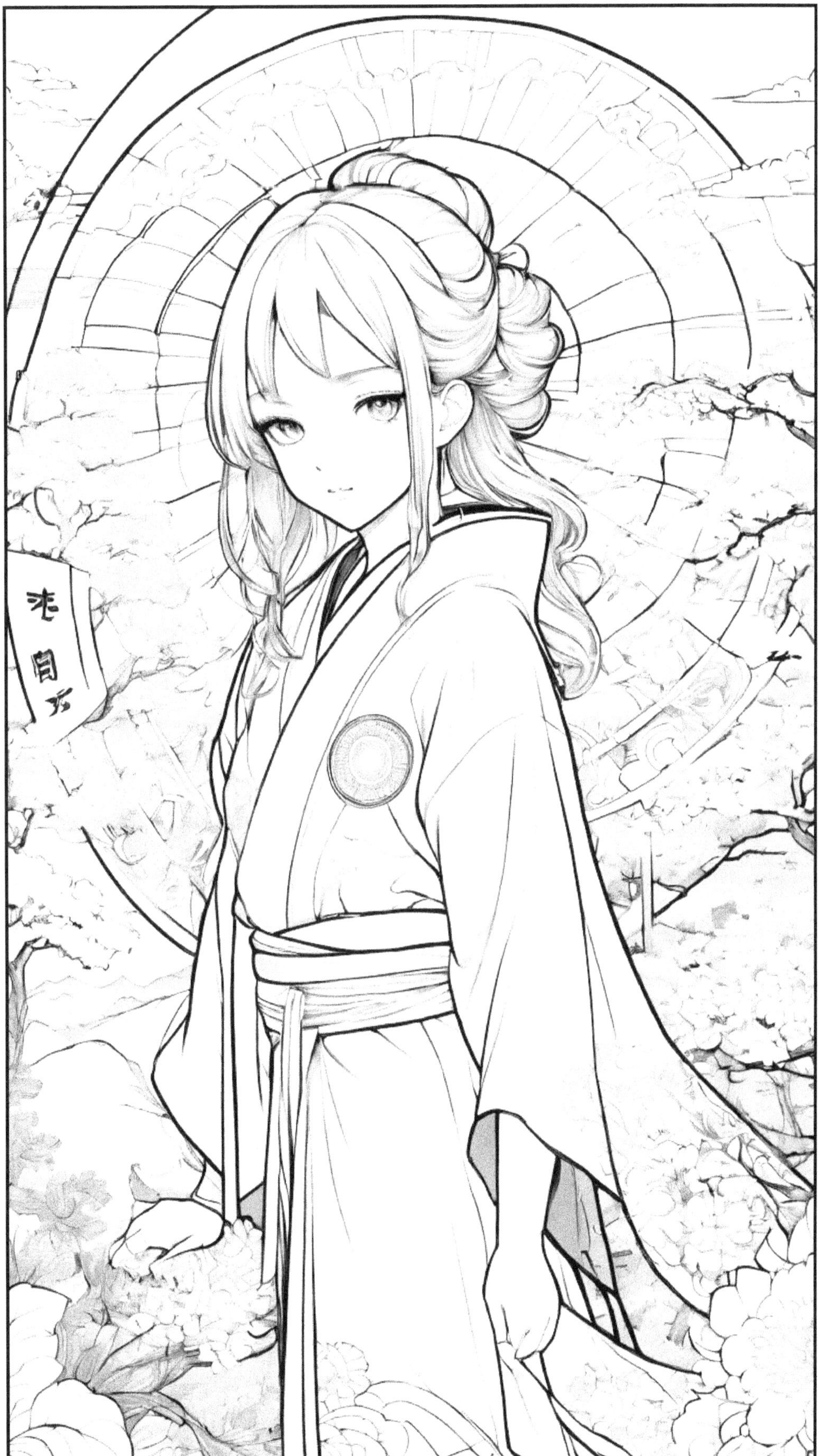

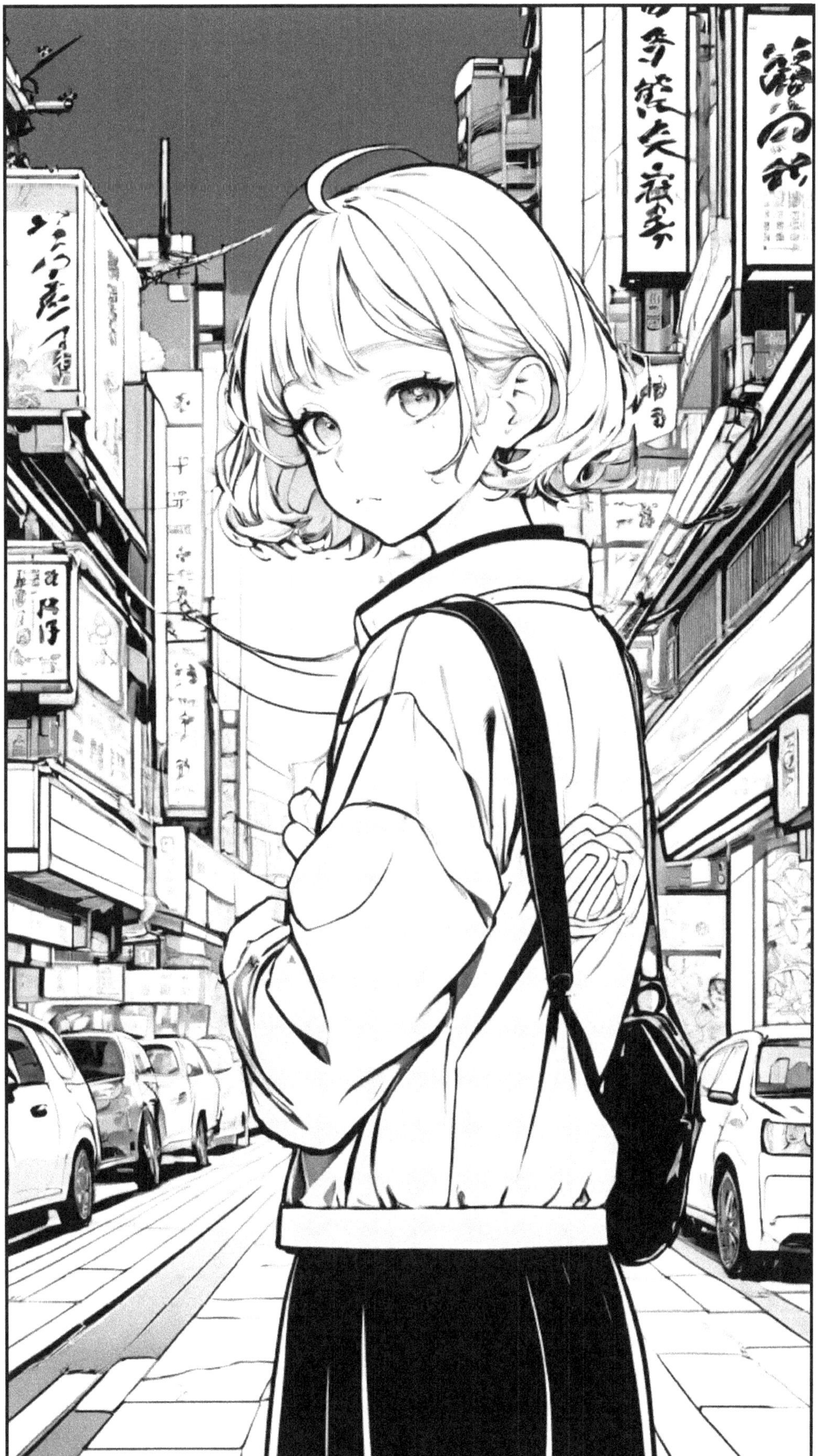

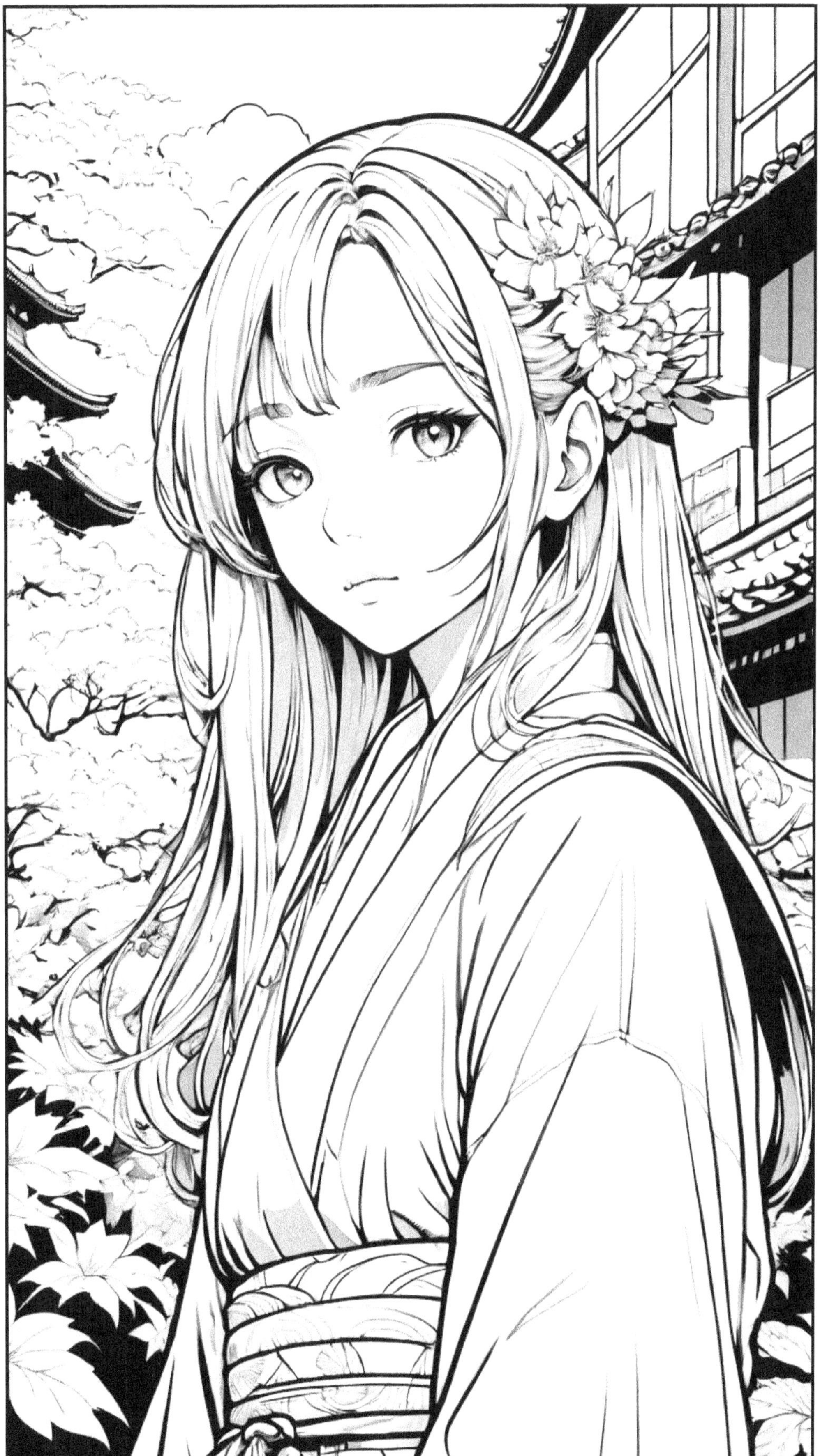

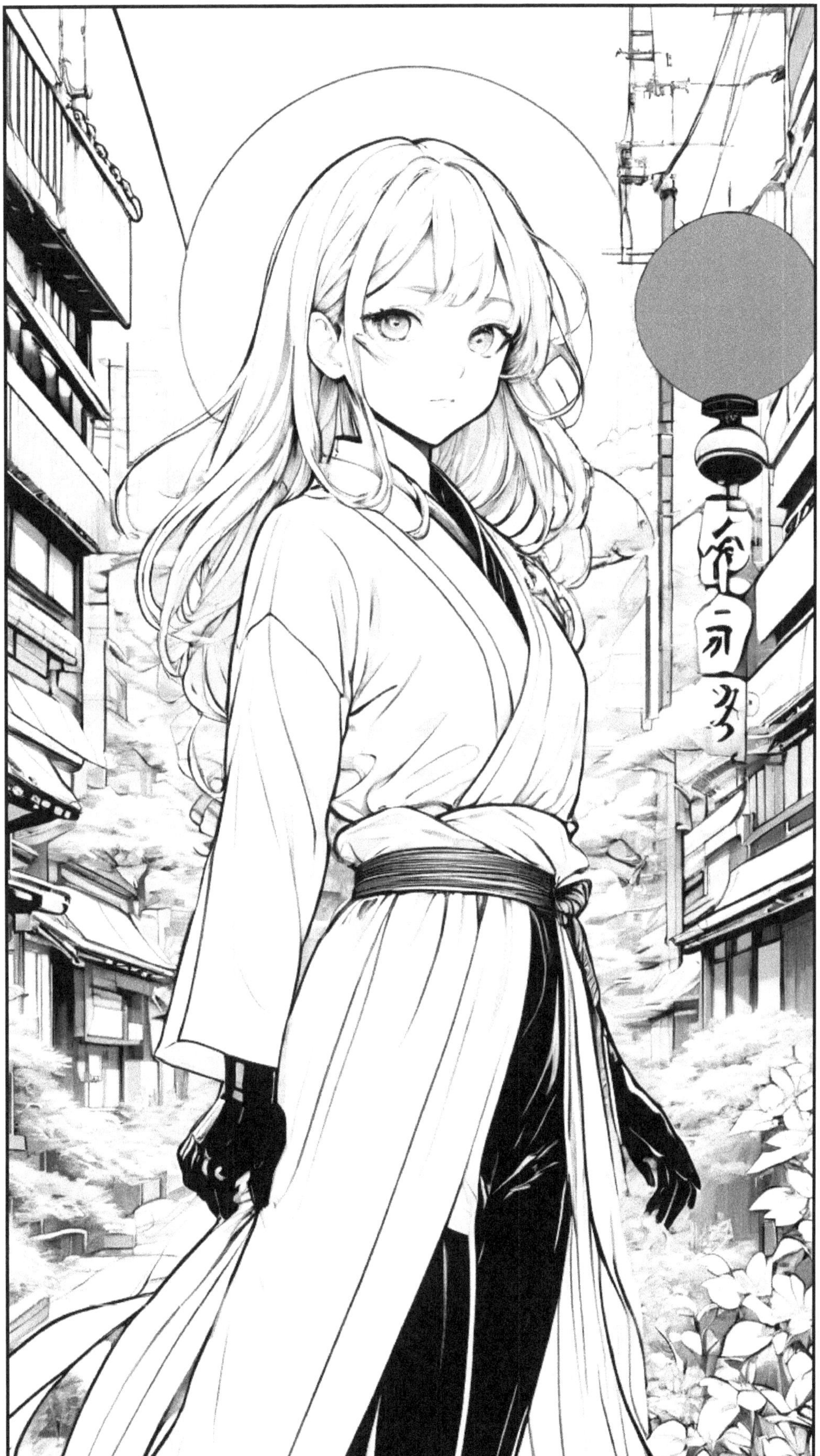

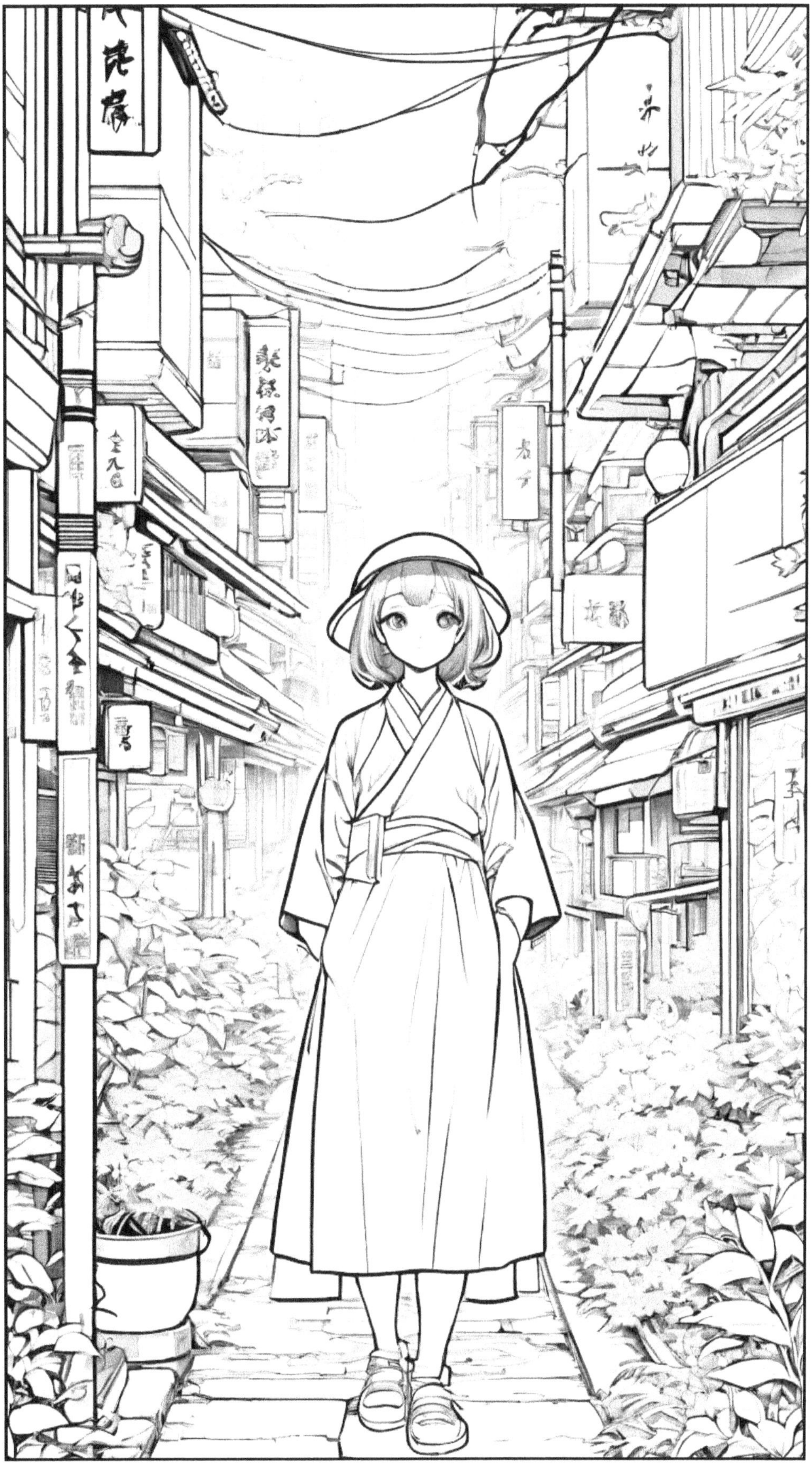

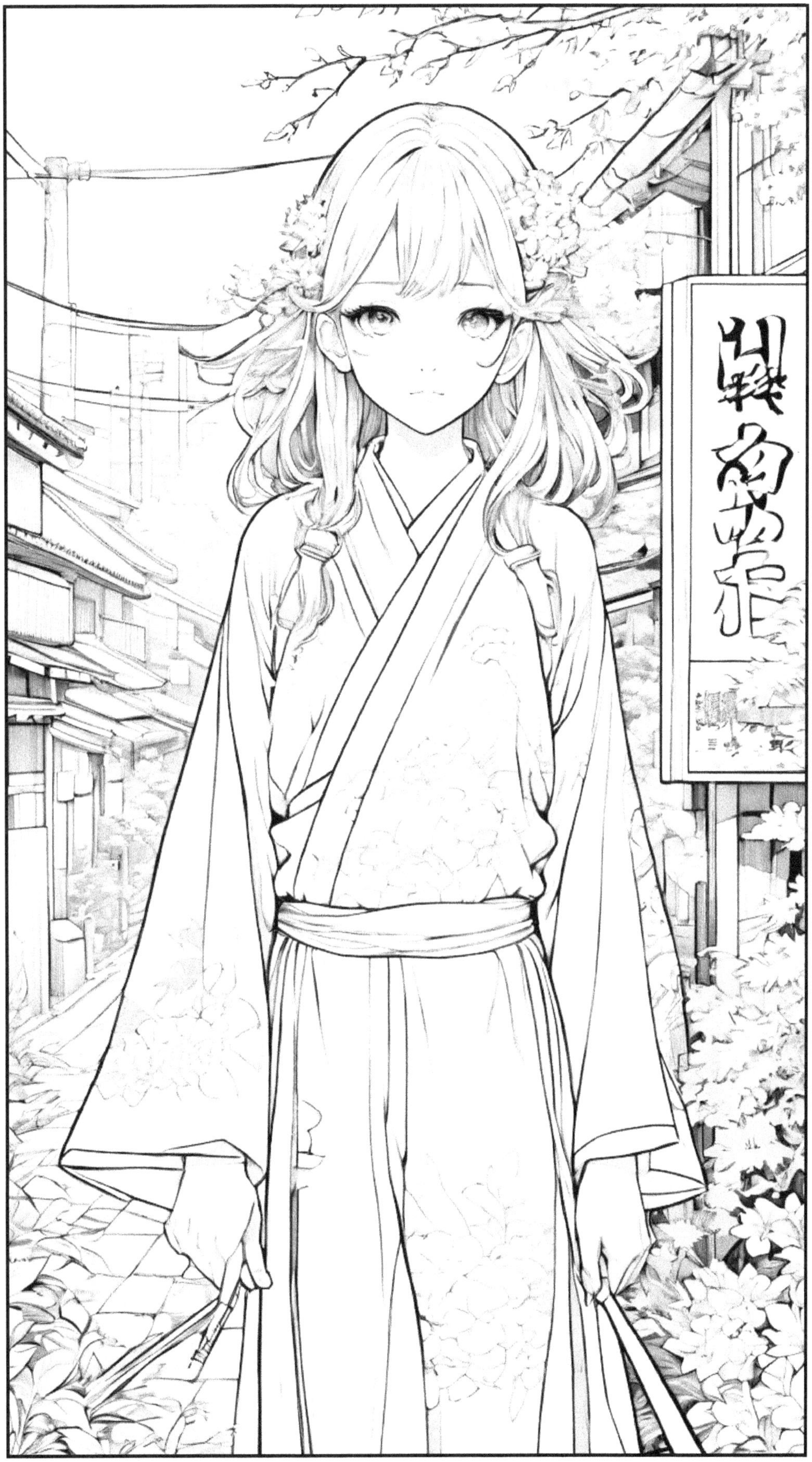

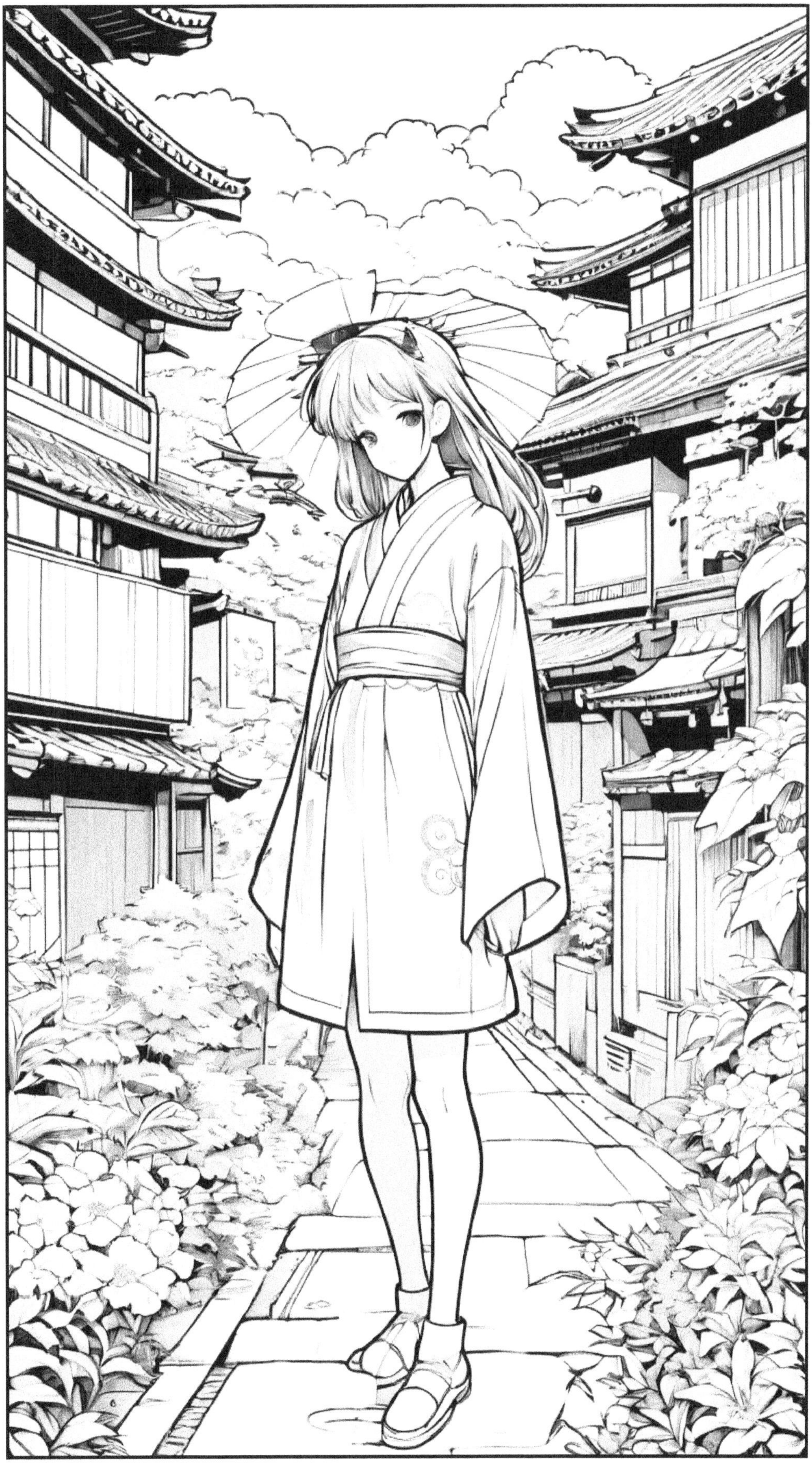

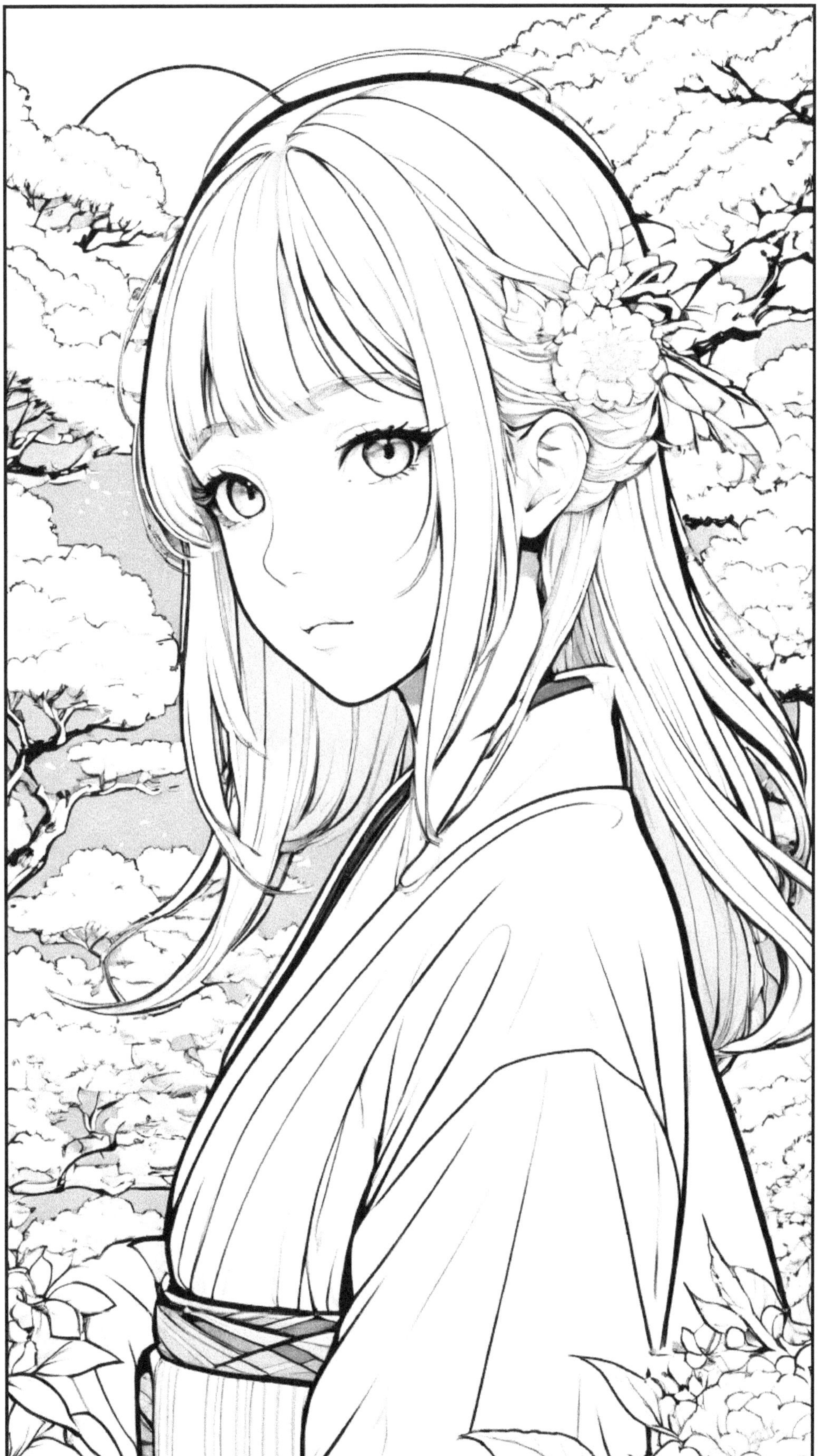

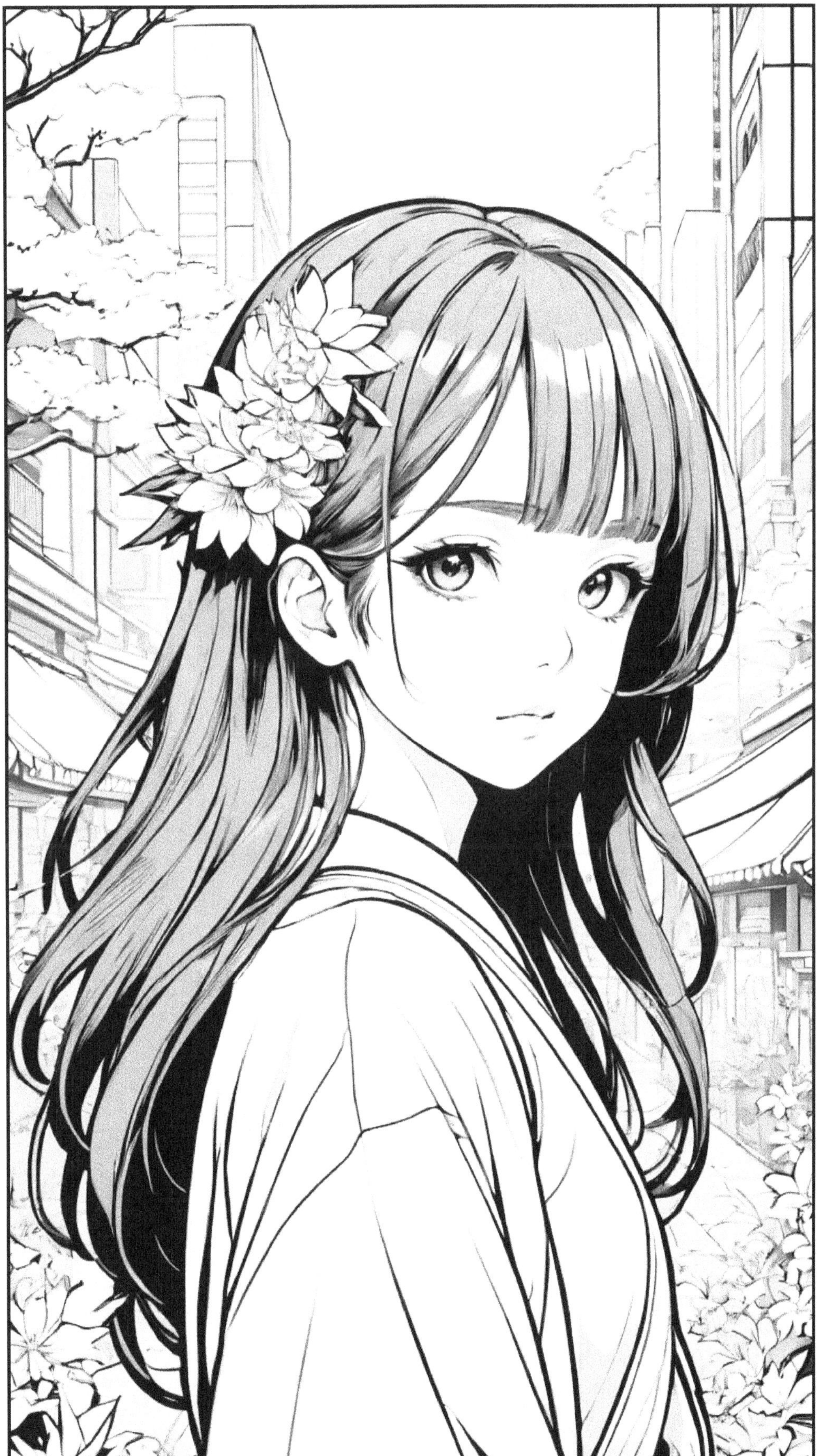

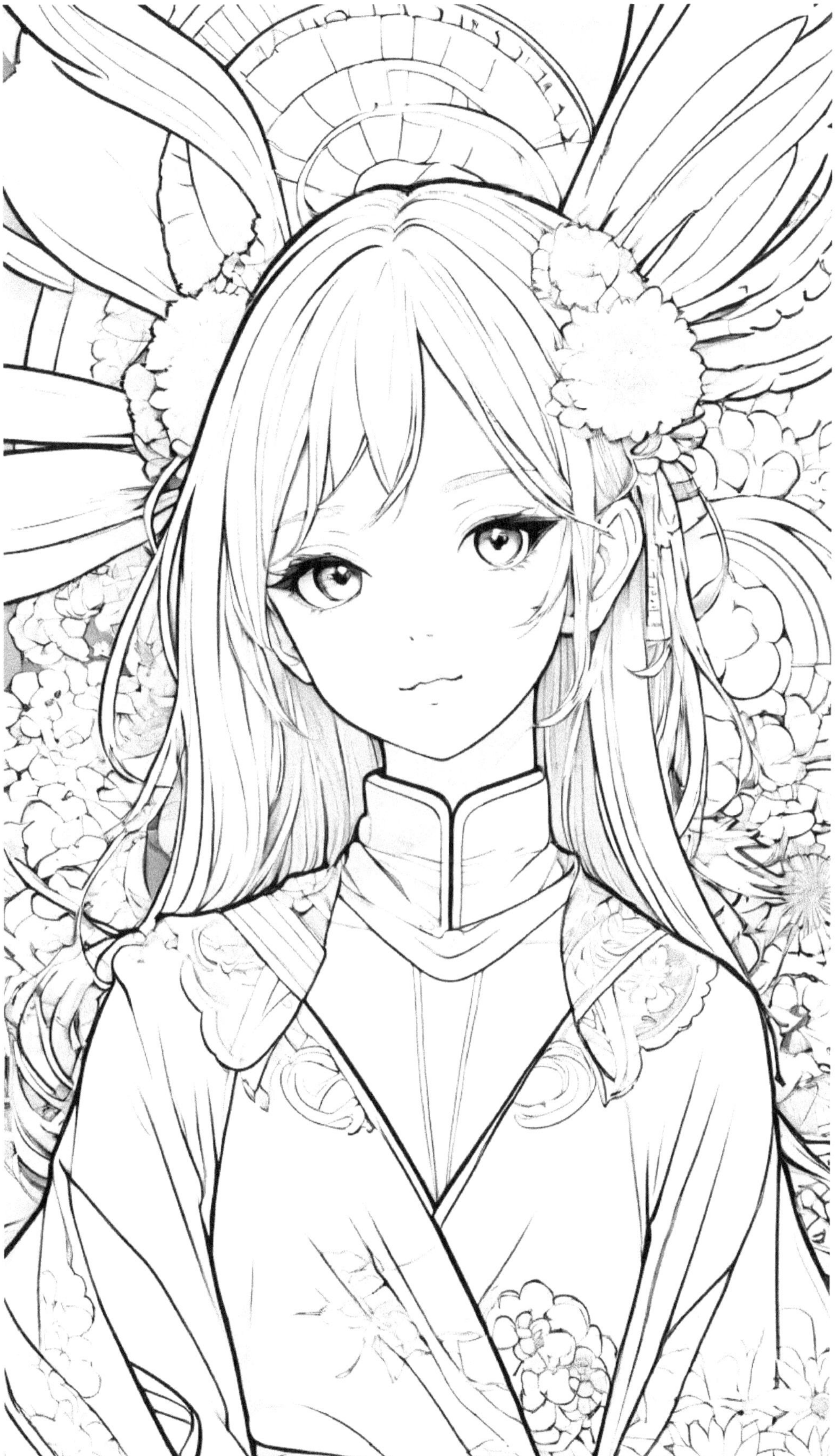

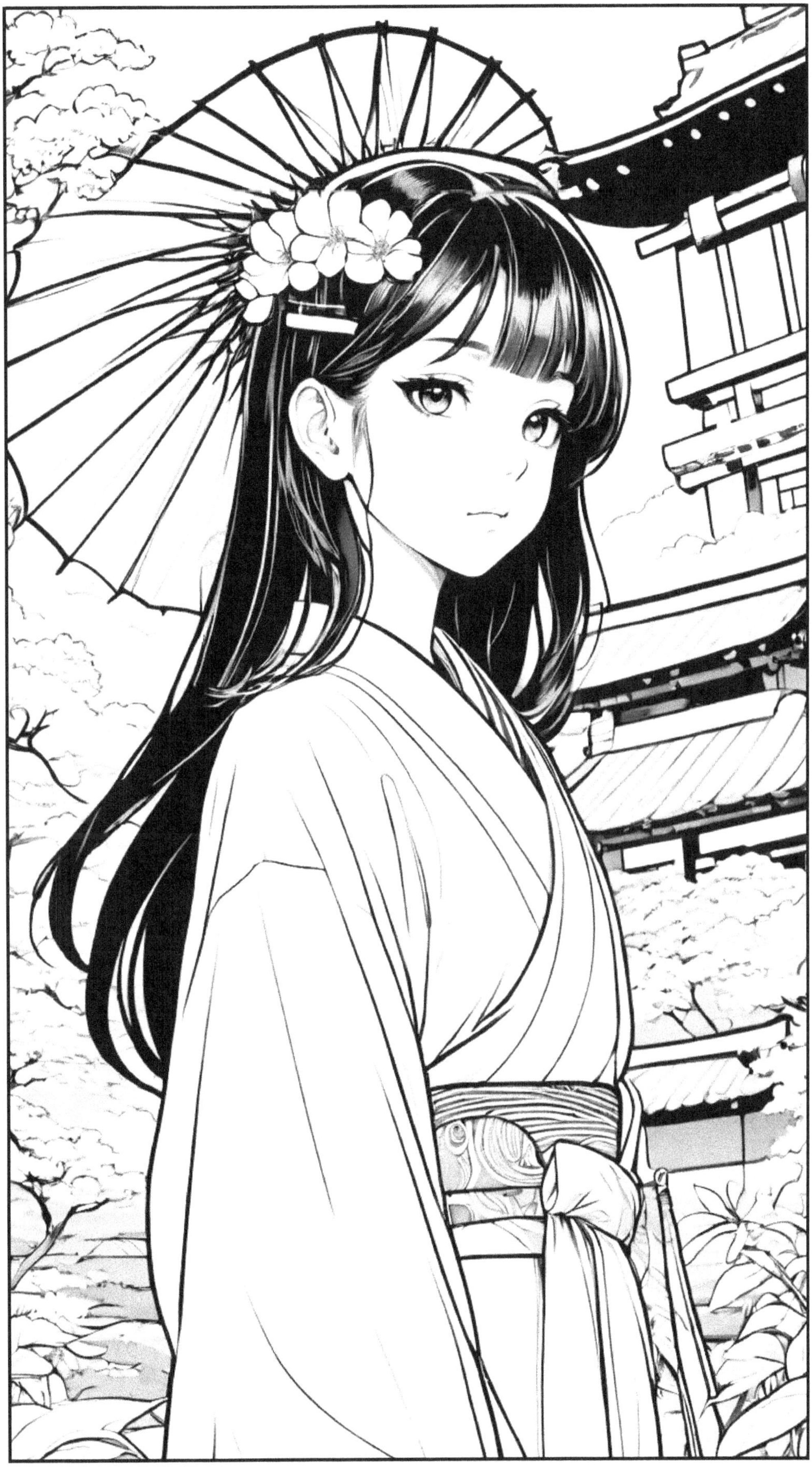

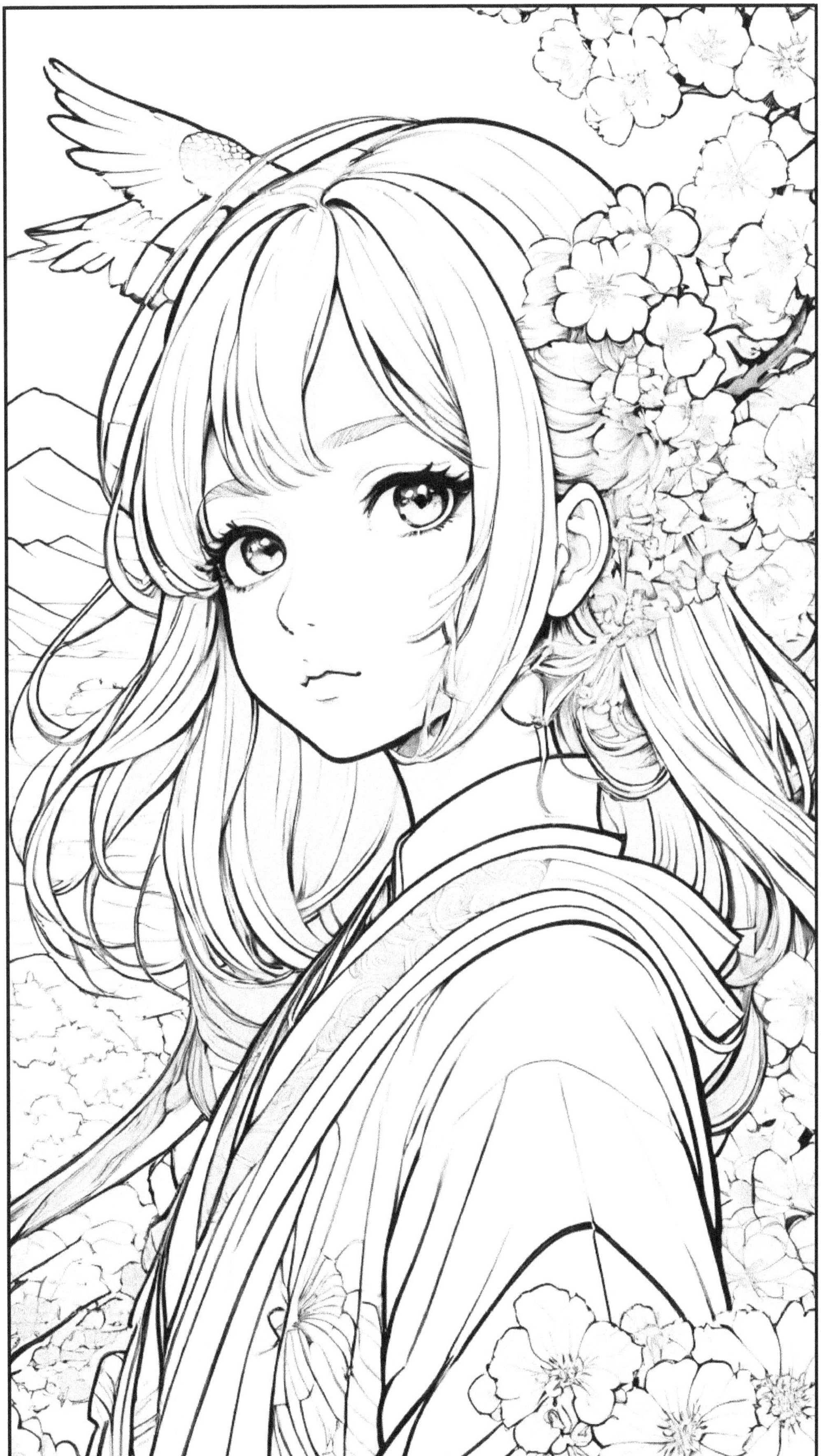

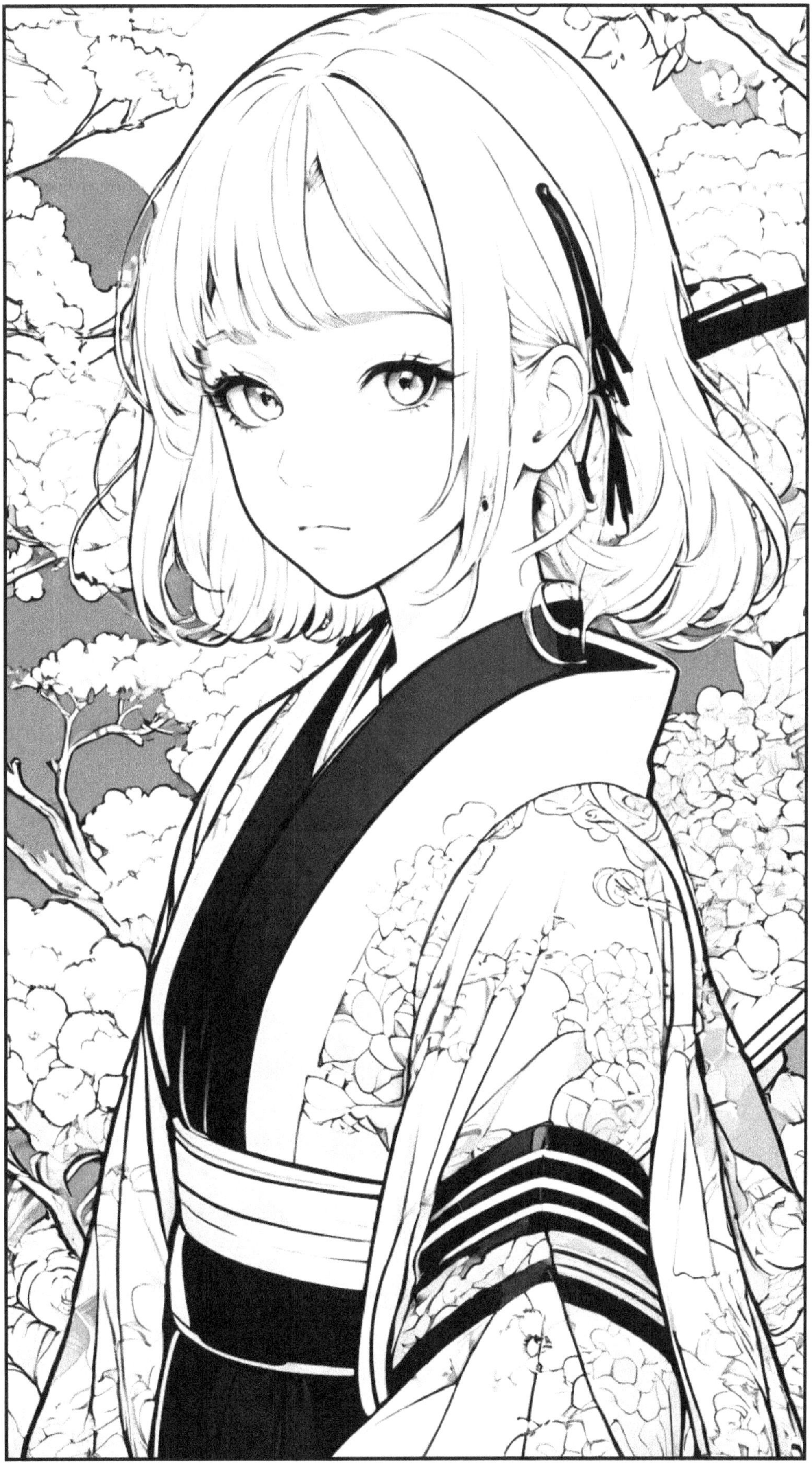

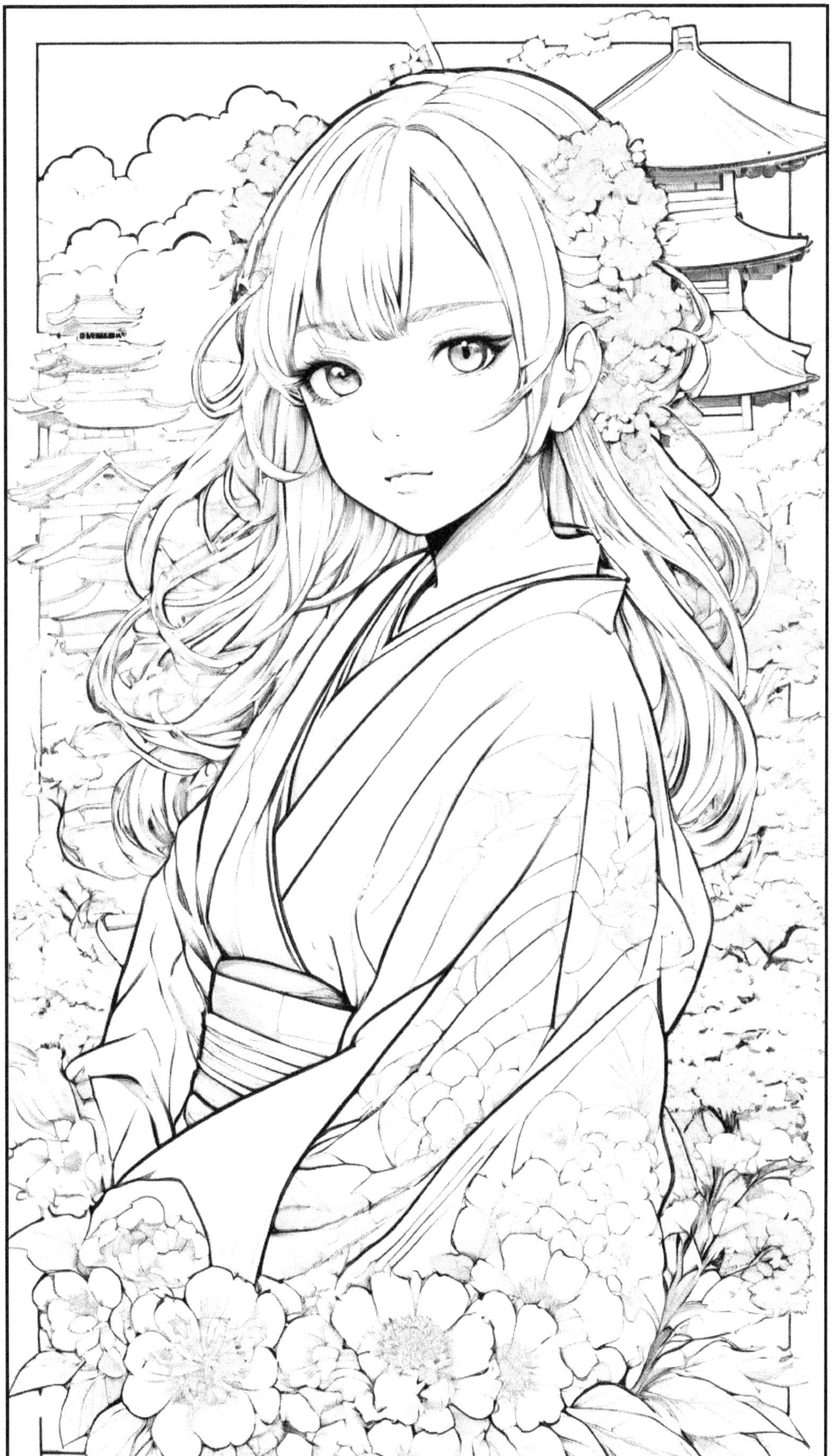

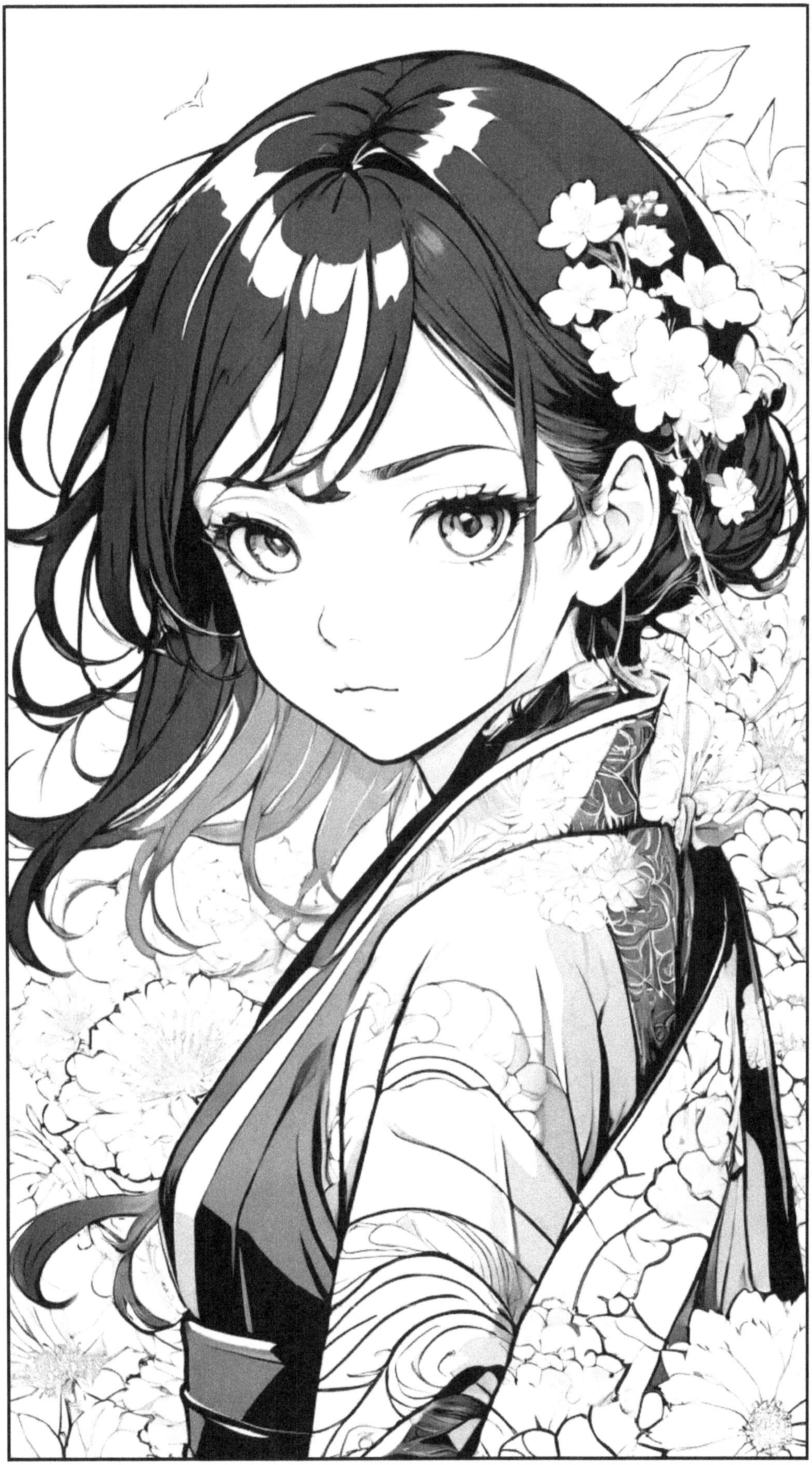

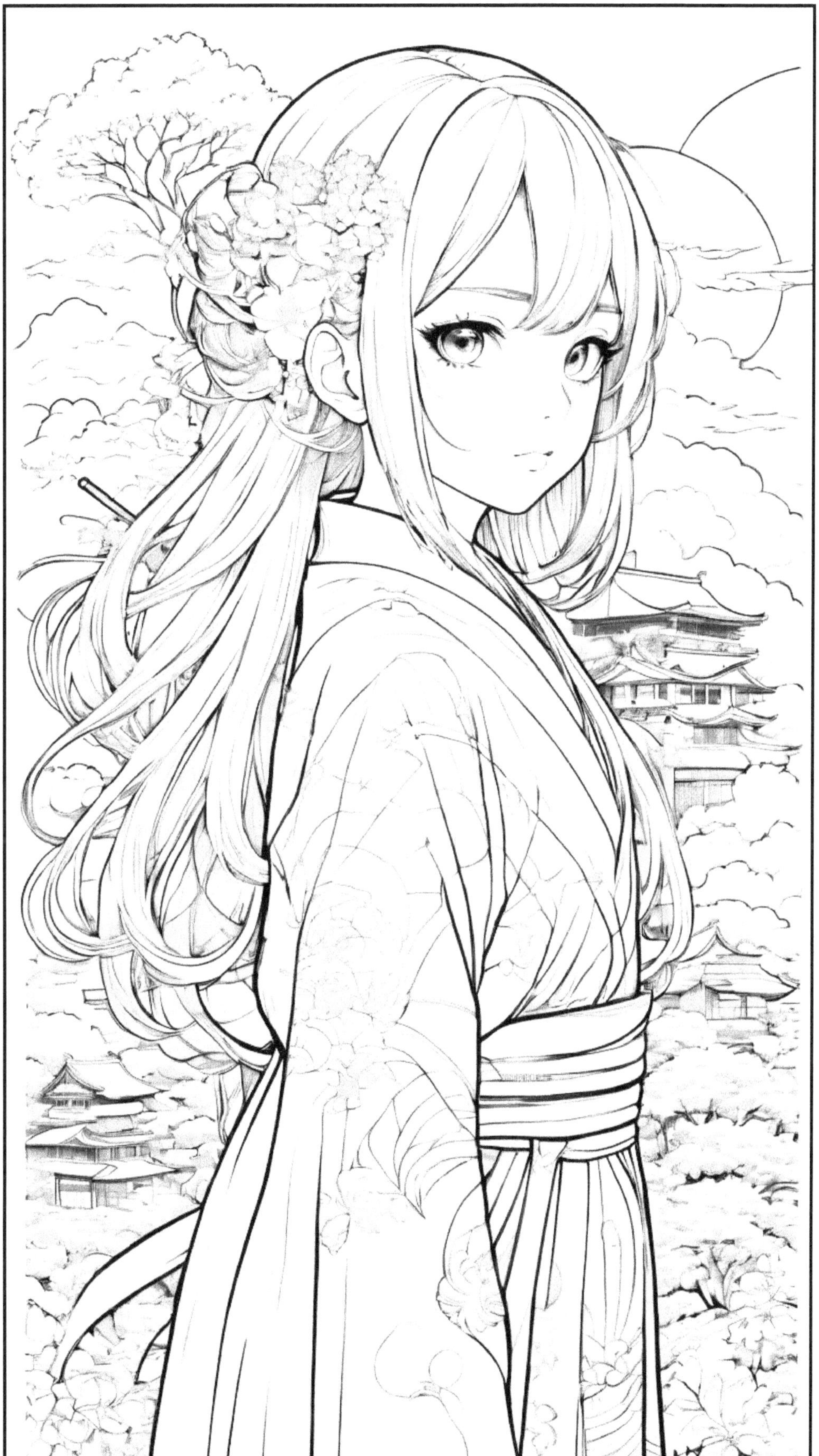

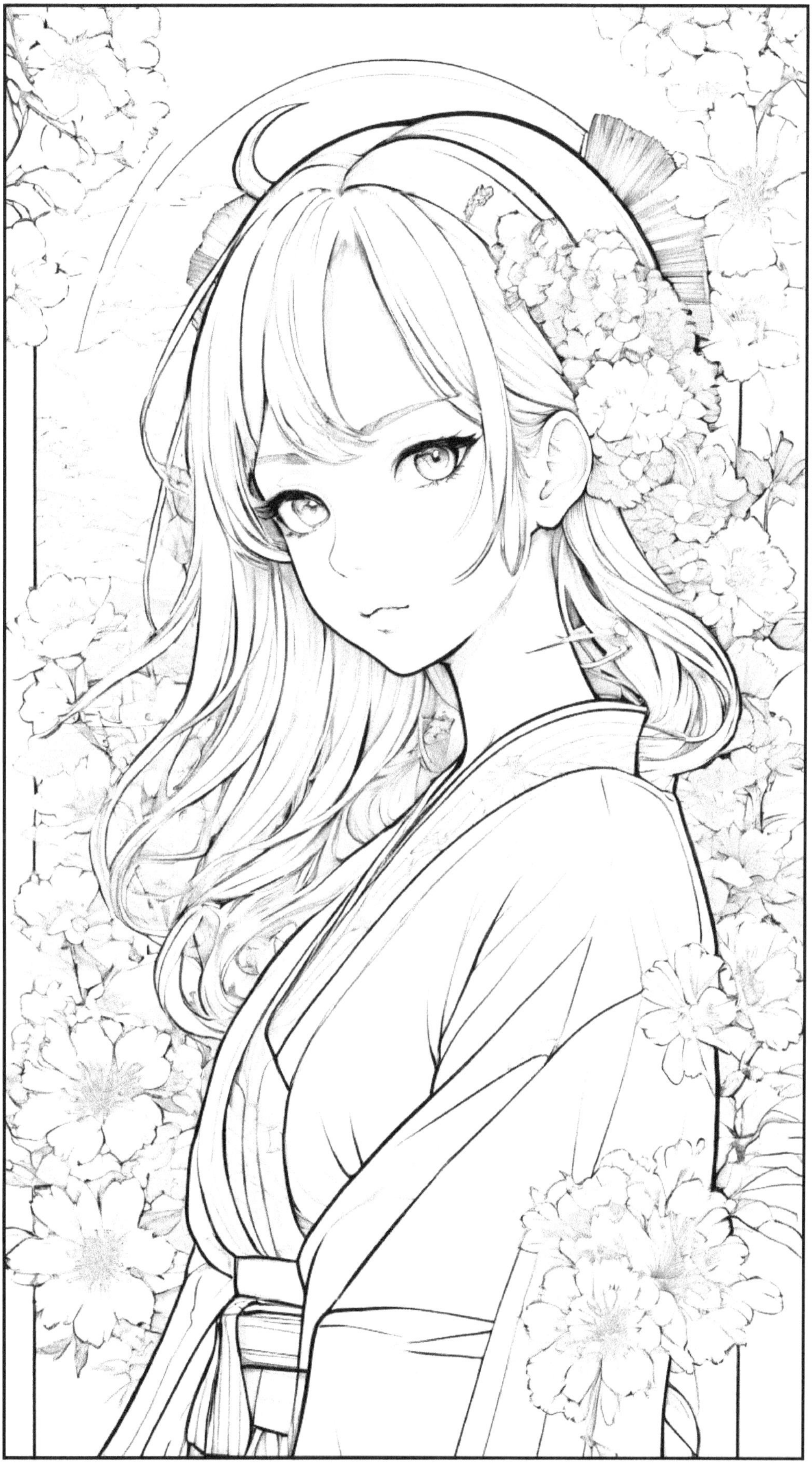

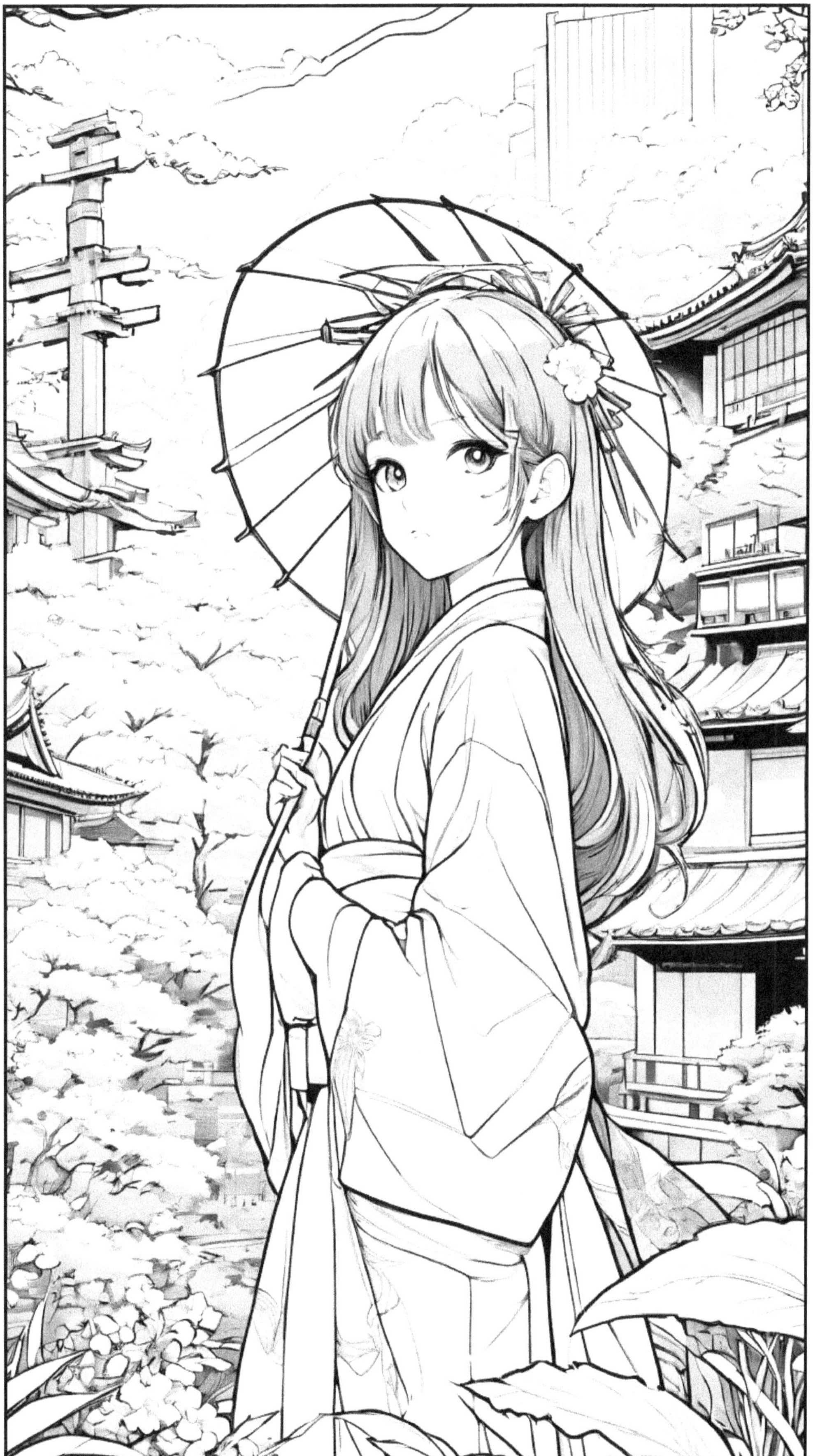

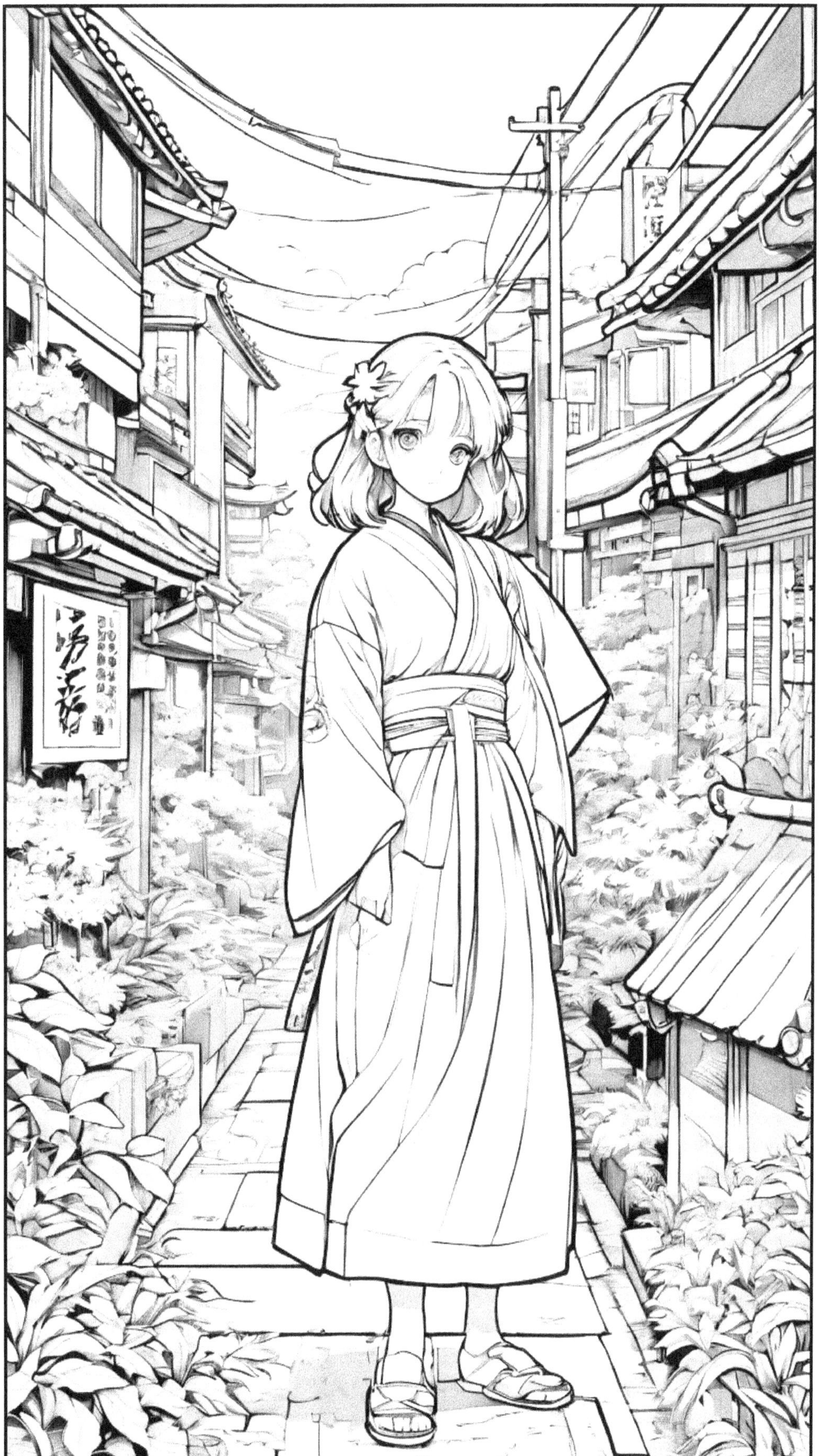

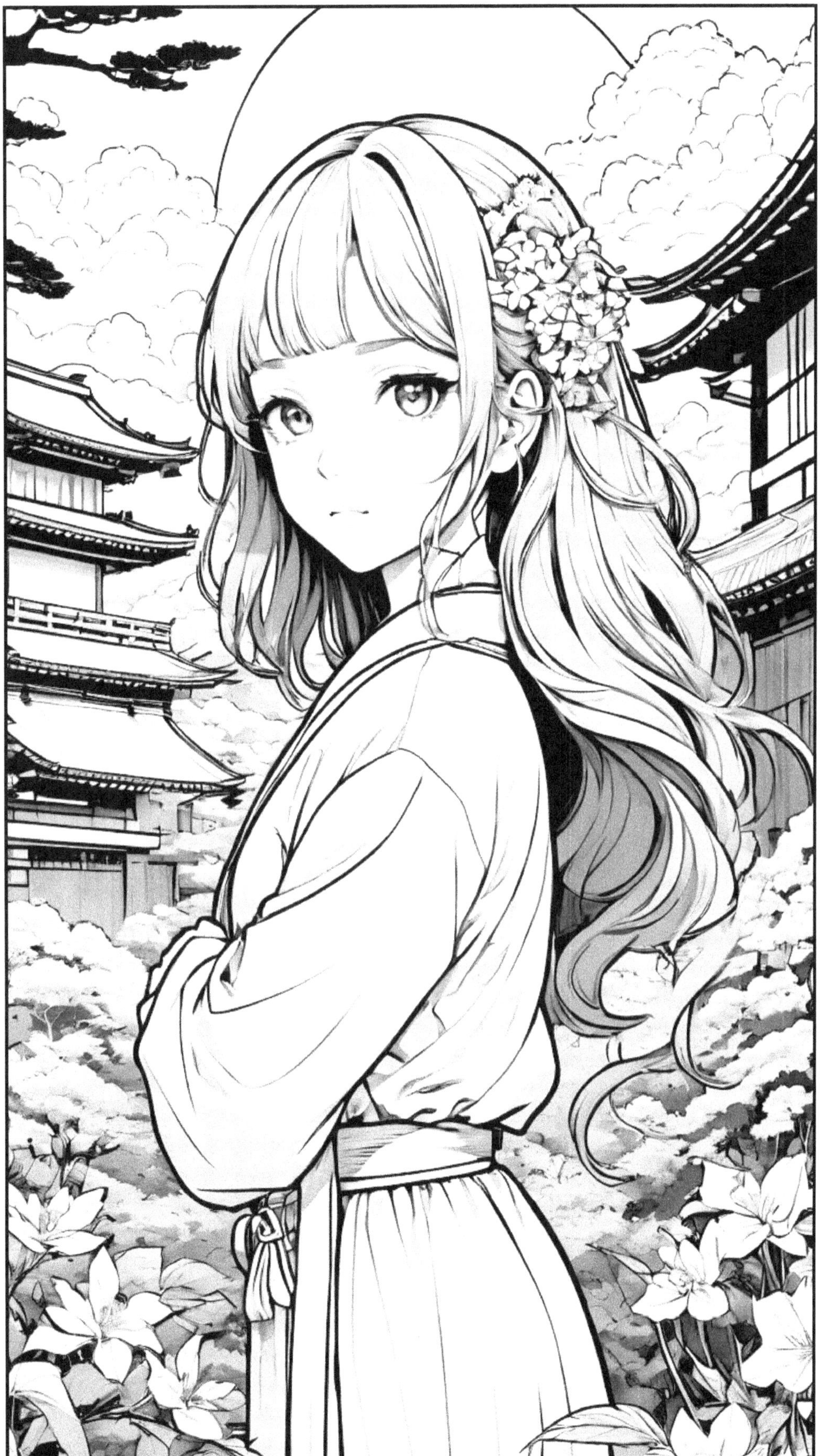

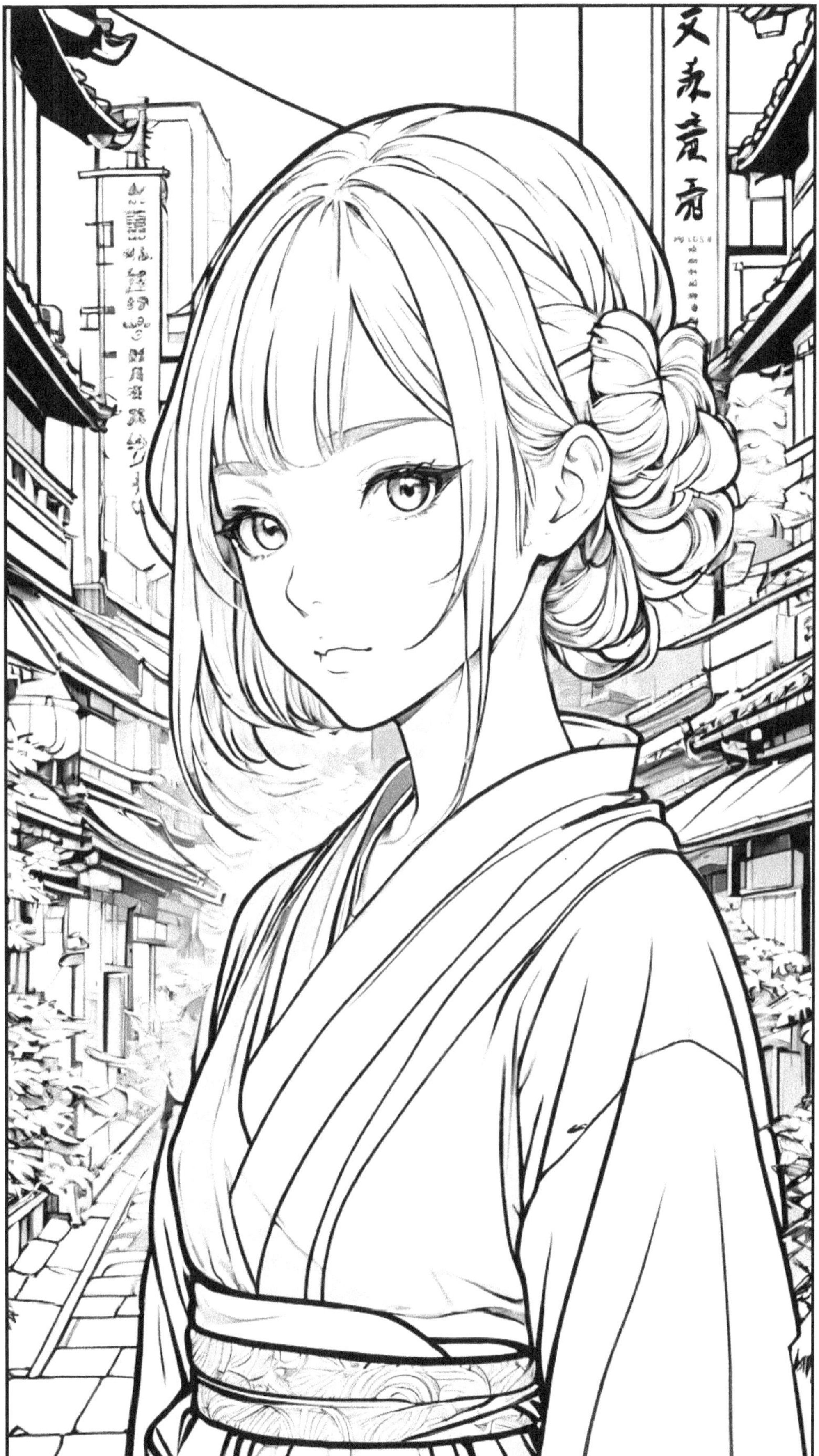

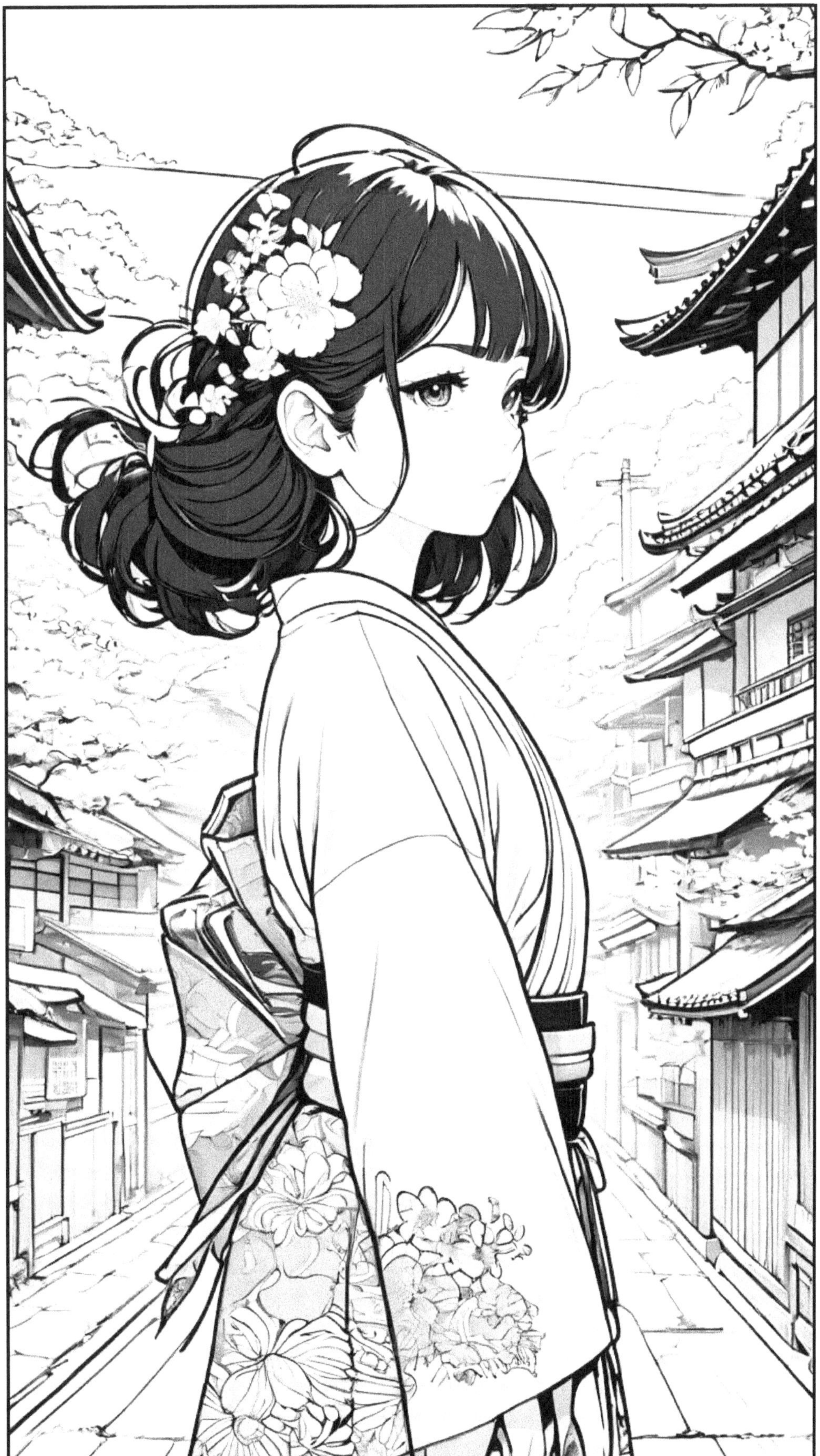

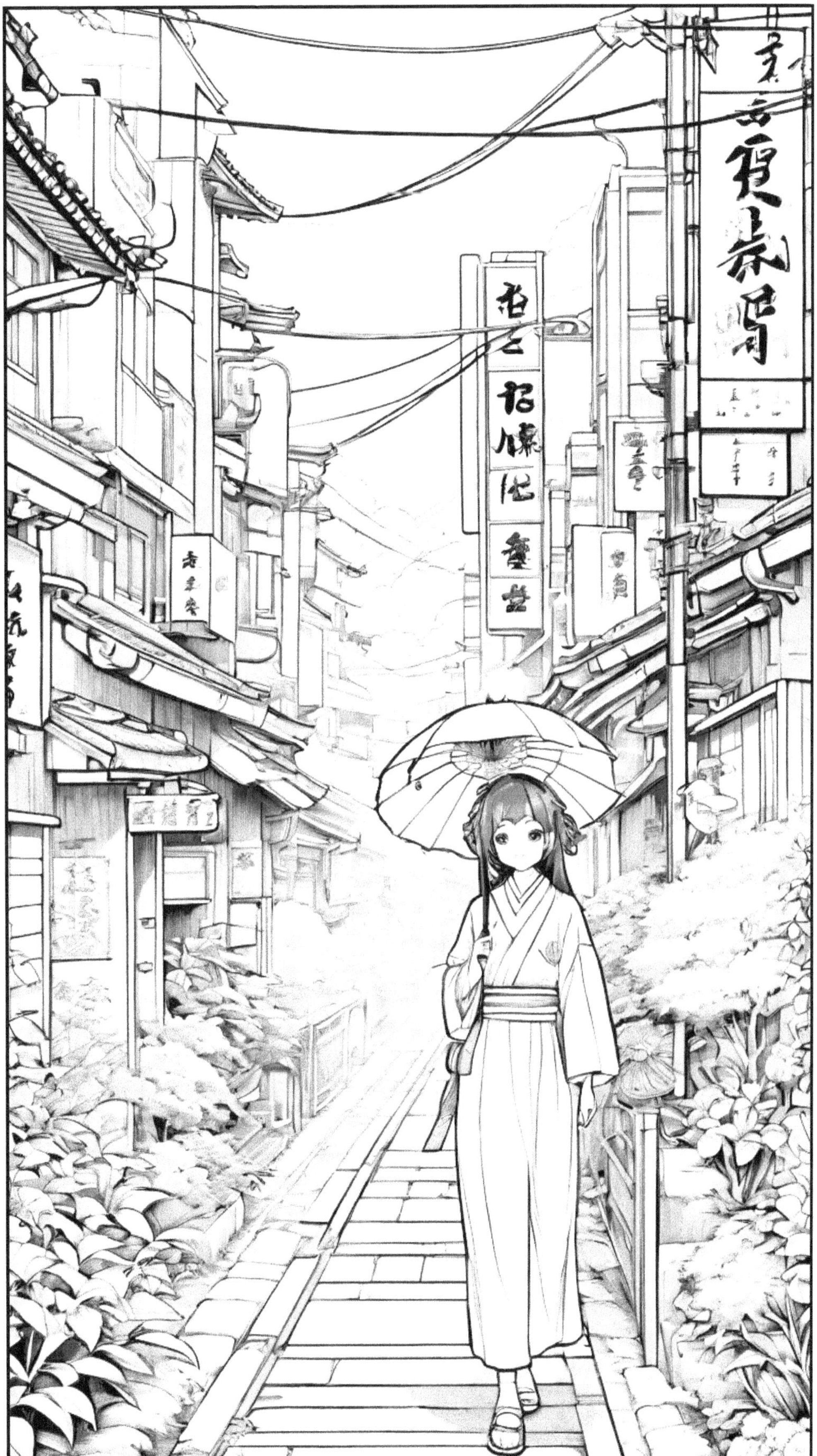

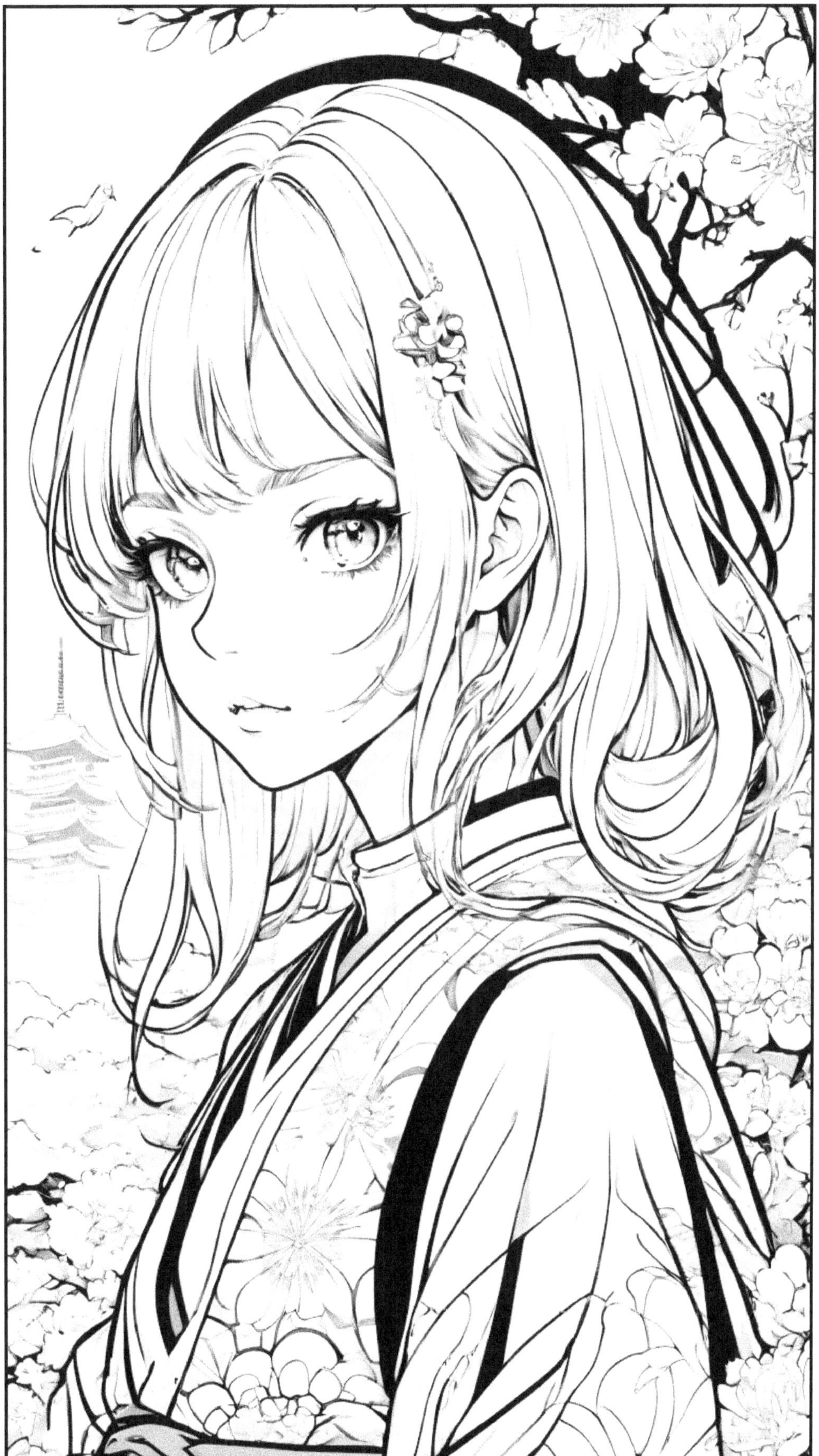

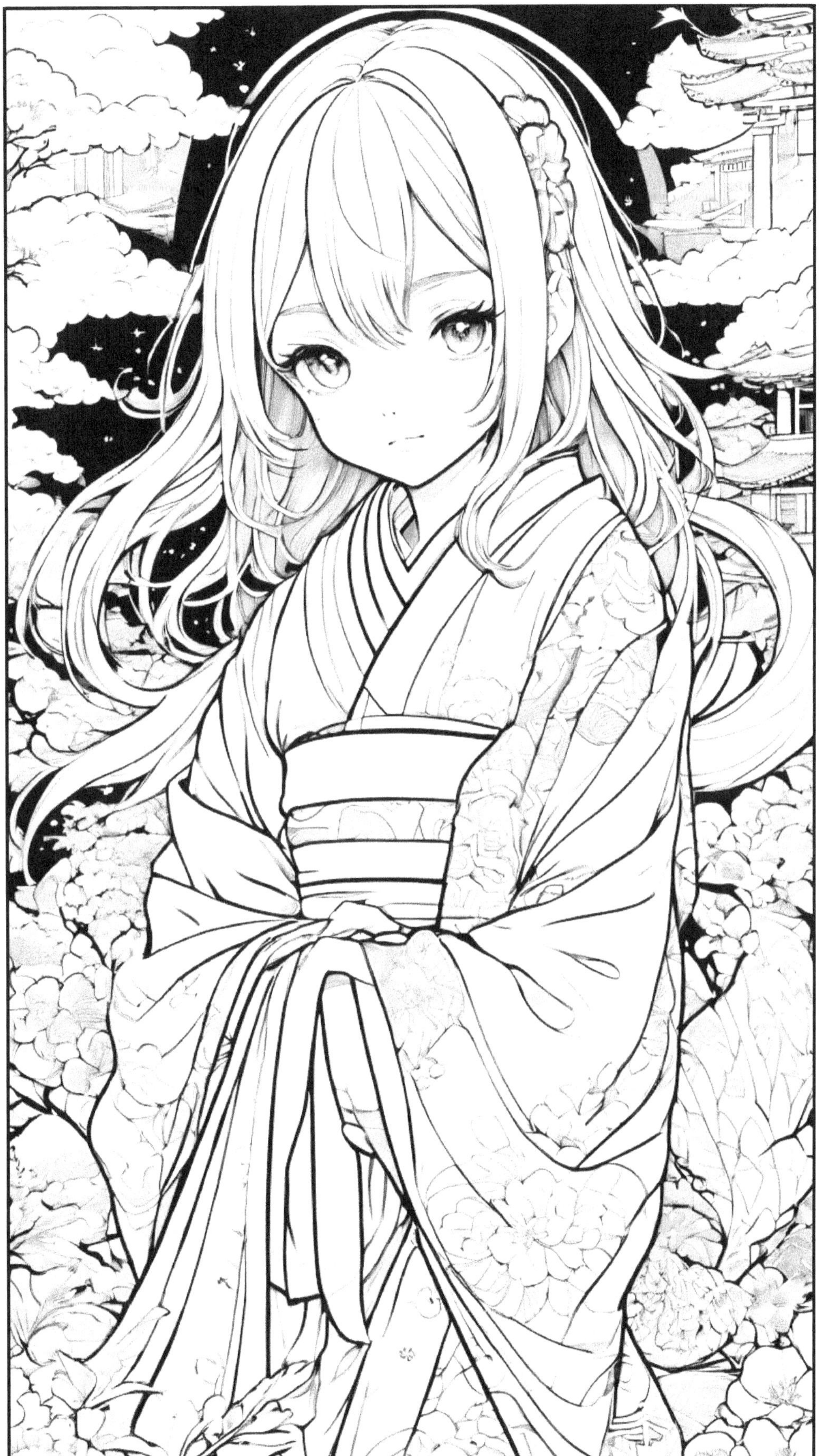

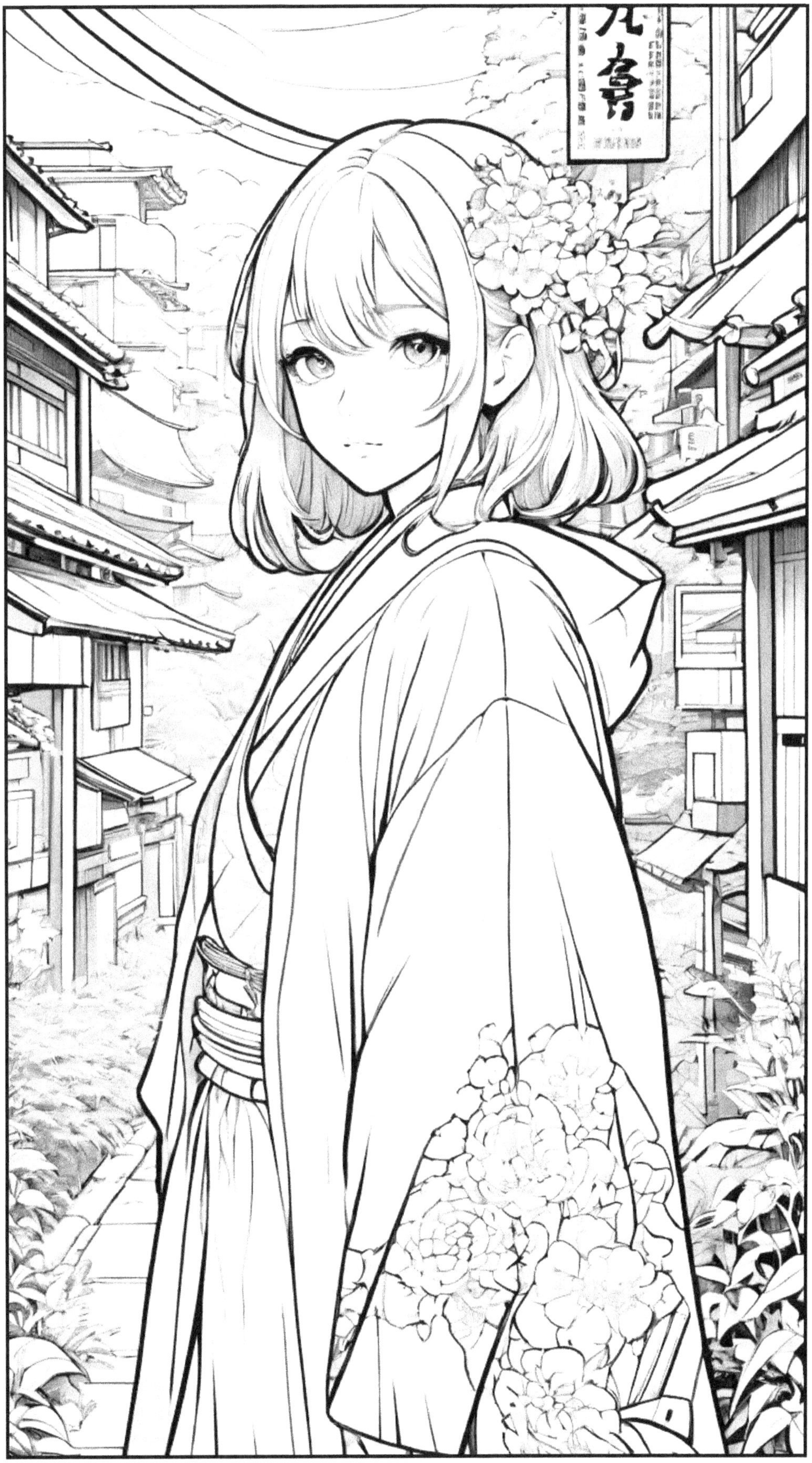

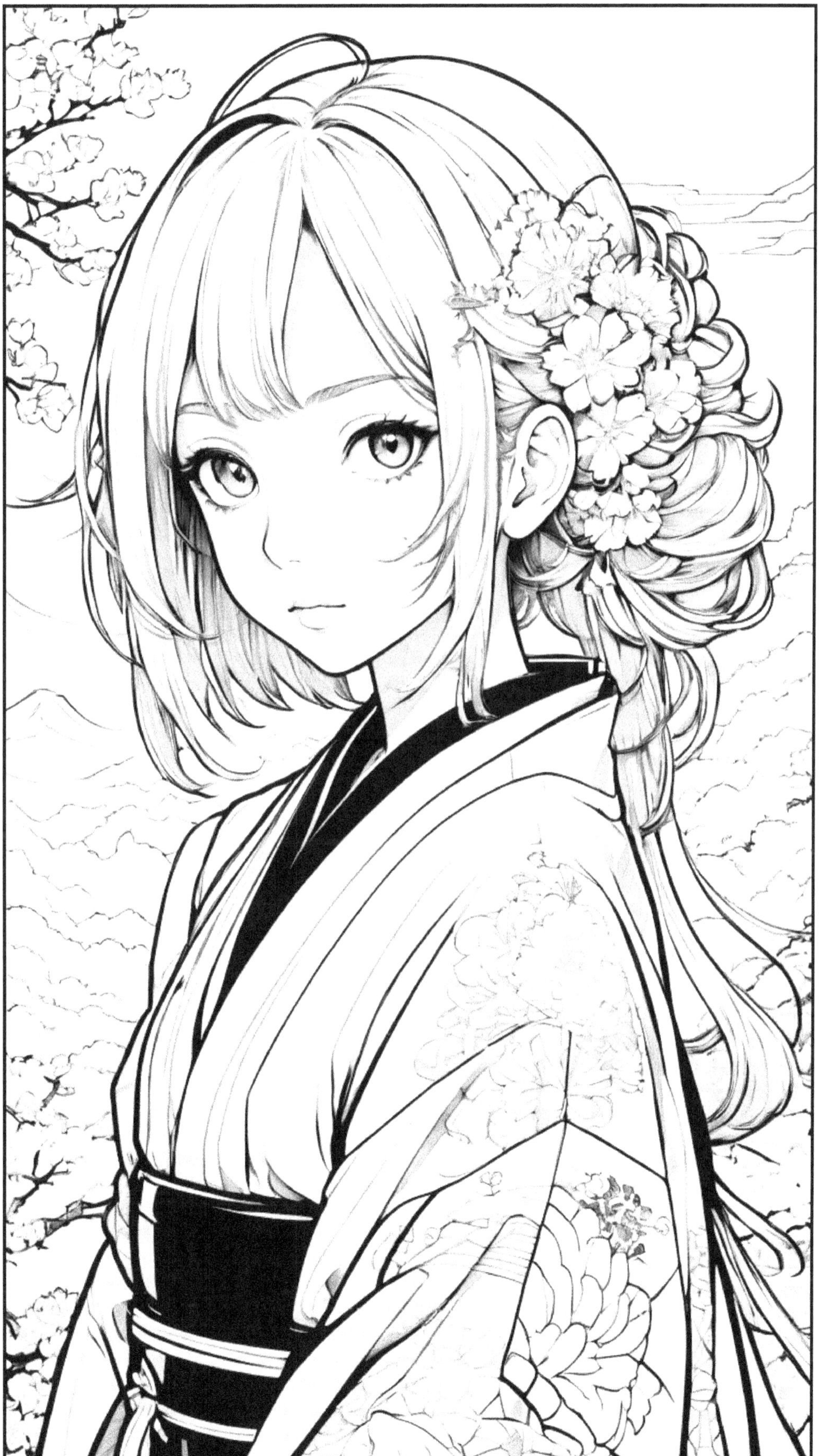

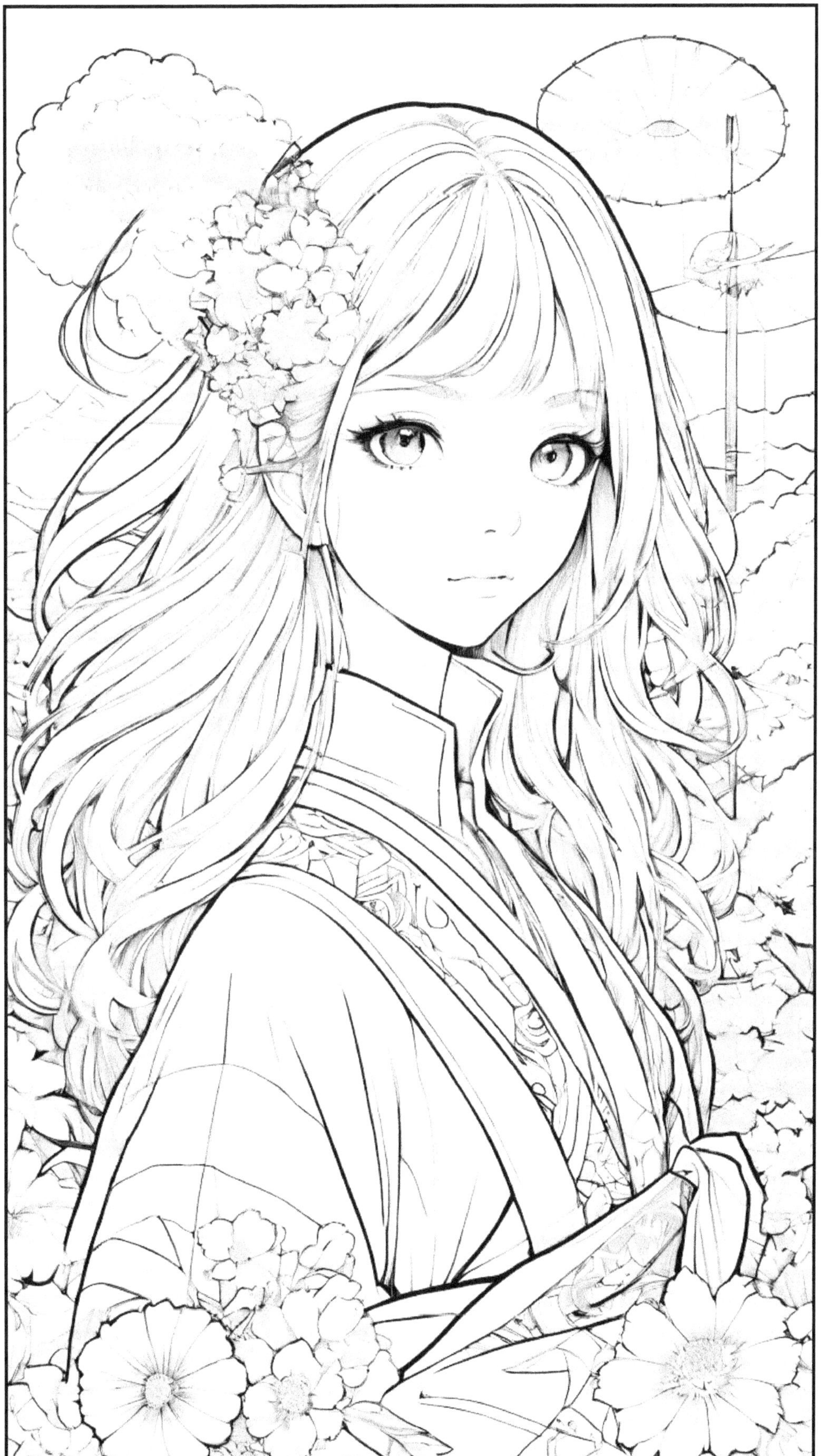

www.ingramcontent.com/pod-product-compliance
Lightning Source LLC
Chambersburg PA
CBHW082224290526
45794CB00009B/3660
* 9 7 9 8 8 7 2 0 6 3 2 1 6 *